Varejo e Clientes

Henrique Aronovich
Maria Cristina de Araújo Proença
Richard Vinic

Henrique Aronovich
Maria Cristina de Araújo Proença
Richard Vinic

Varejo e Clientes

4ª edição

DVS EDITORA

Varejo e Clientes – 4ª Edição

Copyright © DVS Editora 2010

Todos os direitos para a língua portuguesa reservados pela editora.

Nenhuma parte desta publicação poderá ser reproduzida, guardada pelosistema *retrieval* ou transmitida de qualquer modo ou por qualquer outro meio, seja este eletrônico, mecânico, de fotocópia, de gravação, ou outros,sem prévia autorização, por escrito, da editora.

Revisão: Mônica de Aguiar Rocha
        Vera Lúcia Ayres da Costa
Produção Gráfica, Diagramação: ERJ Composição Editorial e Artes Gráficas Ltda
Design da Capa: SPAZIO
ISBN: 978-85-88329-35-5

Dados Internacionais de Catalogação na Publicação (CIP)
(Câmara Brasileira do Livro, SP, Brasil)

```
Vinic, Richard
    Varejo e clientes / Richard Vinic, Maria Cristina de Araújo
Proença, Henrique Aronovich. -- 4. ed. -- São Paulo : DVS Edi-
tora, 2010.


Bibliografia.


    1. Clientes - Contatos   2. Consumidores - Comportamento
3. Marketing   4. Planejamento da qualidade   5. Serviços
aos consumidores - Controle de qualidade   6. Varejo - Empre-
sas - Administração   I. Proença, Maria Cristina de Araújo.
II. Aronovich, Henrique.   III. Título.
```

06-2198   CDD-658.8342

Índices para catálogo sistemático:

1. Consumidores : Comportamento : Administração
     de marketing 658.8342

Prefácio

Este livro foi elaborado a partir de uma importante revisão bibliográfica, consultando os principais teóricos de marketing para os assuntos apresentados.

Varejo e Clientes é o retrato de como estes conceitos são aplicados, mostrados de maneira prática, com exemplos de empresas nacionais, o que certamente fará deste livro uma importante fonte de consulta para profissionais e estudantes.

Ele não se propõe a esgotar um assunto tão complexo e dinâmico, mas, sim, trazer à reflexão conceitos valiosos para a gestão do varejo, melhoria dos serviços prestados e o entendimento dos clientes.

O livro encontra-se dividido em três capítulos: *Comportamento do Consumidor, Marketing Business to Consumer e Gestão da Qualidade.*

No primeiro capítulo, serão apresentados os principais conceitos referentes ao estudo do comportamento de compra. Como o consumidor compra? O que o motiva? O que realmente influencia no momento de escolha entre um determinado produto ou serviço?

Num cenário em que a oferta é cada vez maior e o poder de compra constantemente reduzido, a guerra pela preferência do consumidor é vital para a sobrevivência das empresas. Entender suas necessidades, satisfazer seus desejos e, acima de tudo, realizar seus sonhos torna-se o grande desafio para os profissionais que lidam com o cliente.

O segundo capítulo, *Marketing Business to Consumer*, apresenta um panorama geral sobre o varejo, sob a ótica do marketing, os principais conceitos e aspectos da realidade do setor no Brasil e no mundo. A autora traz dicas para o sucesso no varejo, que levam em consideração uma característica muito particular do setor: o dinamismo que não permite que o empresário permaneça parado, com uma mesma fórmula, jamais.

No terceiro capítulo, *Gestão da Qualidade em Serviços*, todos os argumentos e os exemplos são direcionados para inspirar e convencer os leitores que o cliente deve estar seguramente no foco dos esforços das empresas e para que serviços de elevada qualidade sejam praticados.

Os produtos e as mais altas tecnologias poderão ser acessíveis a quaisquer empresas; as que quiserem vencer e liderar nos seus segmentos terão que se distinguir e se diferenciar das demais concorrentes. Todo mundo perde quando a qualidade dos serviços é baixa. É mais lucrativo e gratificante para todos quando a excelência em serviços está presente em todas as fases do atendimento.

SUMÁRIO

CAPÍTULO 1 COMPORTAMENTO DO CONSUMIDOR **1**

Prof. Richard Vinic

1 Introdução 1
   1.1 Peguem Seus Carrinhos – A Compra Vai Começar! 1
   1.2 O Contexto do Comportamento do Consumidor 3
      1.2.1 Décadas de 50 a 60 – Consumidor Despretensioso 3
      1.2.2 Décadas de 60 a 70 – Consumidor Ávido 3
      1.2.3 Décadas de 70 a 80 – Consumidor Judicioso 4
      1.2.4 Décadas de 80 a 90 – Consumidor Aflito 4
   1.3 Por Que Estudar o *Comportamento de Consumo?* 4
   1.4 Importância do Estudo 5

2 Conceitos Gerais – Por Que os Consumidores Compram? **6**
   2.1 Definição 6
      2.1.1 Teoria Econômica 6
      2.1.2 Teoria da Aprendizagem 7
      2.1.3 Teoria Psicanalítica 8
   2.2 Compra por Impulso 8
   2.3 Papéis do Cliente 8

3 Fatores de Influência na Decisão de Compra **10**
   3.1 Fatores de Influência 10
      3.1.1 Aspectos Pessoais – Variáveis Demográficas 10
      3.1.2 Aspectos Culturais 10
      Cultura 10
      Grupos étnicos 12
      Grupos religiosos 12
      3.1.3 Aspectos Sociais 12
      3.1.4 Aspectos Sociogrupais 14
      3.1.5 Homens 15
      3.1.6 Mulheres 17
      3.1.7 Mundo Pós-feminista 18
   3.2 Adaptação de Produtos e Serviços 19
      3.2.1 Crianças – Júnior 20

4 Necessidades e Motivação 23
4.1 Motivos Racionais e Emocionais 23
4.2 Teorias Motivacionais 24
4.2.1 Teoria de Maslow...24
4.2.2 Teoria de Freud 28
5 Percepção e Aprendizado 29
5.1 Percepção...29
5.1.2 Estímulos Perceptivos 30
5.1.3 Processo Perceptivo 31
5.2 Aprendizado 31
5.2.1 Mensagem Subliminar...32
5.2.2 Teorias de Aprendizado 33
6 Atitudes 36
6.1 Componentes da Atitude 37
6.2 Formação das Atitudes 38
6.3 Função das Atitudes 38
6.3.1 Mudança de Atitude 39
6.3.2 Aplicação Prática 39
7 Processo Decisório 39
7.1 Estágios da Tomada de Decisão 40
(1) Reconhecimento do Problema 41
(2) Busca de Informação/Solução..41
(3) Avaliação...42
(4) Escolha 42
(5) Avaliação Pós-compra 43
7.2 Perspectivas de Pesquisa 43
7.2.1 Perspectiva Tradicional..43
7.2.2 Perspectiva Experimental 44
7.2.3 Perspectiva da Influência Comportamental 44
8 Teoria da Observação...45
8.1 Área de Entrada 45
8.2 Taxa de Conversão 46
8.3 Tempo de Permanência 46
8.4 Interceptação 47
8.5 Acesso aos Produtos..47
9 Referências Bibliográficas 48

Sumário

Capítulo 2 — Marketing Business To Consumer 49

Profª Maria Cristina de Araújo Proença

1 Introdução 49
2 Panorama do Varejo no Brasil e no Mundo 51
3 Gestão Estratégica no Varejo 54
   3.1 Segmentação 55
   3.2 Posicionamento de Mercado 57
4 Composto do Marketing *Mix* de Varejo 59
   4.1 *Mix* de Produtos e Serviços e Diferenciação 60
   4.2 Estratégias de Preço 66
   4.3 Seleção dos Canais de Distribuição 70
   4.4 Estratégias de Comunicação e Sedução no Varejo 74
   4.5 Atmosfera da Loja e *Merchandising* 83
5 Considerações Finais 86
6 Referências Bibliográficas 92

Capítulo 3 — Gestão da Qualidade em Serviços 93

Prof. Henrique Aronovich

1 Introdução 93
2 Razões para Buscar a Excelência em Serviços 97
   2.1 Uma Clara Diferenciação das Concorrentes 97
   2.2 A Fidelidade dos Seus Clientes 98
   2.3 Uma Competição Saudável com Agregação de Valores 99
   2.4 Lucros Constantes 100
   2.5 Automotivação dos Colaboradores 100
3 Obtenha Informações para a Sua Superioridade em
   Serviços 102
   3.1 Alguns Métodos Sugeridos 102
      3.1.1 Avalie as Transações 103
      3.1.2 Pesquisa de Mercado 103
      3.1.3 Visitas a Clientes 103
      3.1.4 Cliente Fantasma 104
      3.1.5 Grupos de Foco de Funcionários 105

Varejo e Clientes

3.1.6 Painéis de Clientes 105
3.1.7 Rastreamento dos Clientes Que Se Afastam 106
3.2 Crie Canais entre o Cliente e a Empresa 106

4 **Liderança em Serviços É Comportamento Vencedor** **108**
4.1 Percepção do Que É a Excelência em Serviços 109
4.2 Gostar do Que Faz 111
4.3 Acreditar nos Funcionários 114
4.4 Ética – Transparência 114
4.5 Atitude É o Que Importa 116

5 **Como Estabelecer uma Estratégia de Serviços para Conquistar e Manter o Foco no Cliente** **117**

6 **Excelência em Serviços** **123**
6.1 Visão de Serviços 123
6.2 Fluxo Fundamental 125
6.3 SERVQUAL: Medindo e Definindo a Qualidade dos Serviços 125
6.3.1 Confiabilidade 127
6.3.2 Prestabilidade 130
6.3.3 Segurança 134
6.3.4 Empatia 136
6.3.5 Tangíveis 139
6.4 Como Encantar Mais o Cliente 143

7 **Conhecimentos, Habilidades e Encantamento em Serviços** **146**
7.1 Formação de Equipes com Habilidades e Conhecimentos Necessários 146
7.1.1 Cargos, Habilidades e Conhecimentos Mínimos 147
7.1.2 Faça uma Integração Completa 148
7.1.3 Aprendizagem Contínua e Sistemática 150
7.1.4 Use Formas Diferentes de Aprendizagem 151

8 **Recuperar e Reconquistar Clientes** **154**
8.1 Reclamações, Manutenção de Clientes e o Boca a Boca 154
8.2 Uma Seqüência para a Recuperação 158
8.3 Uma Seqüência para a Reconquista 160
8.4 Solução de Problemas 161

8.5 A Honestidade da Empresa e a Única Linha de Conduta em Relação ao Cliente 163

8.6 "Todos São Iguais Perante as Leis, mas uns São Mais Iguais Que os Outros" (de um Irônico Político) 163

9 Saber Servir com Excelência **164**

9.1 Comunique-se sem Falar 164

9.2 Agradecer a Seus Clientes: Quando? 167

9.3 Sabedoria em Servir 169

10 Referências Bibliográficas **172**

Capítulo 1
Comportamento do Consumidor

Richard Vinic

Publicitário com pós-graduação em Administração de Marketing pela FAAP e mestrando em Comunicação Social.

Consultor de marketing com experiência no varejo e empresas prestadoras de serviços, participou como palestrante de importantes eventos do setor varejista.

Na FAAP, atua como coordenador dos cursos de pós-graduação em Gestão de Marketing de Serviços e como professor da disciplina Comportamento do Consumidor nos cursos de pós-graduação de Administração de Marketing e Gestão de Marketing de Serviços.

Dedicatória

Pela dedicação, apoio e participação em todos os momentos, dedico esta conquista à minha esposa e amiga, Alessandra.
À felicidade de ver o sorriso dos meus queridos filhos, Michelle e Daniel.
À FAAP, pela oportunidade de realizar este sonho na escola em que me formei e à qual tenho orgulho de pertencer.

1   Introdução
1.1   Peguem Seus Carrinhos – A Compra Vai Começar!

Antes de iniciarmos nossa fantástica viagem, ou melhor, o estudo do mundo das compras, é importante entender as mudanças que vêm ocorrendo a esse respeito no comportamento dos brasileiros.

Sabemos que, quando estudamos o comportamento de pessoas, não podemos generalizar, mas, sim, agrupar perfis semelhantes como forma de facilitar nossos estudos e planos de ação. Devemos examinar o comportamento de nosso público-alvo, evitando erros comuns ao recorrer a estereótipos baseados em preconceitos. O Brasil, um país de maioria negra, continua negligenciando soluções que atendam às necessidades dessa comunidade, importando conceitos pertencentes a outras culturas.

O mercado em que atuamos é cada vez mais dinâmico, exigindo rápidas respostas dos profissionais de marketing. O consumidor brasileiro, após a abertura de mercado, vem se mostrando mais exigente, esperando das empresas desempenhos que superem suas expectativas. Vivemos num momento em que os produtos são cada vez mais semelhantes. As empresas entendem que devem agregar valor por meio dos serviços oferecidos. Independentemente de seu nível cultural, o consumidor sabe que tem direitos e conta que esses sejam respeitados.

Neste contexto, percebemos que as padarias oferecem um ótimo exemplo de segmento que vem se adaptando ao novo comportamento do consumidor. Há pouco tempo, esse tipo de comércio tinha como principal, se não único objetivo, vender pães e leite. Recentemente, vimos uma evolução no cenário. As padarias, na maioria das cidades analisadas, oferecem serviços, experiências no ponto-de-venda. Consumidores, em grupos ou individualmente, freqüentam esse ambiente para consumir serviços: café da manhã, almoço e bufê de sopas no inverno. Vejamos que evolução! Aumentou a área de convivência, atendendo ao desejo dos consumidores. O consumidor, que freqüentava esse local para comprar alguns itens, hoje busca os serviços oferecidos, deixando um tíquete médio maior com uma margem mais interessante para o empresário.

Neste capítulo, apresentaremos, dentre outros conceitos, as principais teorias do *comportamento do consumidor*, quais os fatores que influenciam na decisão de compra, o que são atitudes, e como o indivíduo aprende a comprar e percebe os estímulos que recebe. A maior parte dos exemplos expostos procura ilustrar a realidade brasileira, um país de tantas diversidades, motivadas pelas suas significativas extensões geográficas e culturais.

1.2 O Contexto do Comportamento do Consumidor

A seguir, daremos um panorama referente à evolução político-econômica do Brasil e às mudanças ocorridas em relação ao comportamento do consumidor nas últimas décadas.

1.2.1 Décadas de 50 a 60 – Consumidor Despretensioso

O Brasil vive o pós-guerra, marcado por um período de escassez de bens e falta de produtos, mas a esperança pelos anos dourados da paz é vivida intensamente.

O consumidor é ingênuo, despreparado, inexperiente e despretensioso. Busca nos modelos do mundo uma referência, já que as soluções apresentadas pelas empresas nacionais não atendem às suas expectativas de qualidade.

Ele consome, acima de tudo, produtos básicos, especificamente do gênero alimentício. Aceita a falta de mercadorias e mostra-se passivo, confia no vendedor e dificilmente rejeita produtos.

Nesse momento, a palavra marketing começa a fazer parte do vocabulário das empresas.

1.2.2 Décadas de 60 a 70 – Consumidor Ávido

O então presidente da República na época, Juscelino Kubitschek, fecha as fronteiras brasileiras, anunciando a política de substituição de importações. Investimentos significativos, por meio de recursos externos, foram feitos principalmente na indústria automobilística. Entusiasmadas, as montadoras lançam mais modelos do que o mercado pode absorver, exceção feita ao Fusca, que se torna símbolo da emancipação e bem-estar nacional.

O aumento sucessivo das ofertas traz o aumento da concorrência, surgindo com ela a preocupação com os consumidores.

O consumidor está ávido por produtos e não esconde seu entusiasmo; o consumo proporciona em parte a melhora da qualidade de vida almejada.

A mensagem publicitária televisiva sensibiliza nesse momento o consumidor, que começa atribuir importância às marcas, procurando o *status*. O consumo é mais importante que a poupança, uma vez que existe toda uma atmosfera positiva criada pelo governo: '50 anos em 5'.

1.2.3 Décadas de 70 a 80 – Consumidor Judicioso

Os consumidores pertencentes às classes A, B e C vivem muito bem. Antes de comprar, começam a fazer listas de compras, a comparar preços e disciplinar seus gastos.

Percebemos nesse momento a formação das raízes do consumidor brasileiro moderno, que, mesmo movido pela emoção, se esforça para se tornar mais racional. Ele é sensível à publicidade, mas ao mesmo tempo desconfia dela; precisa ser conquistado pelas empresas.

A compra é uma atividade familiar, de lazer. A mulher começa a participar mais e mais das decisões de compra.

1.2.4 Décadas de 80 a 90 – Consumidor Aflito

O País está imerso numa inflação desenfreada, e o governo sugere ao povo que controle os preços praticados pelas empresas não adquirindo produtos remarcados. Nesse momento, surge a figura do 'fiscal do Sarney'.

É a chamada 'década perdida'; o Brasil vive uma depressão profunda com a conseqüente queda descontrolada do consumo. O consumidor sofre com a falta de mercadorias e os aumentos crescentes nos preços.

1.3 Por Que Estudar o *Comportamento de Consumo?*

Para o gestor de marketing, o estudo do comportamento de compra tem por objetivo, principalmente, avaliar:

- ❖ **Posicionamento da empresa.** Antes de fazer suas escolhas, o consumidor questiona a atuação das empresas no ambiente ao qual estão inseridas: como seu *target* avalia sua empresa, qual a imagem dela no mercado? Mais crítico, o consumidor exige uma postura ética, social e ecologicamente correta e responsável.
- ❖ **Aceitação ou rejeição.** Por que o consumidor aceita determinado produto, rejeitando o concorrente? Quais os atributos predominantes nessa escolha?

- **Reações.** Como o indivíduo reage a um determinado nome do produto, a uma embalagem? O sorvete Haggen Daas, quando lançado, utilizou a seguinte estratégia: um nome que não tem nenhum significado, remetendo a um produto de origem nórdica ou de algum país com tradição na fabricação de sorvetes. A estratégia, utilizada por uma empresa totalmente americana, teve por objetivo causar a reação obtida no mercado.
- **Influências.** Atuamos num mercado altamente sensível às influências tecnológicas, ambientais e econômicas numa economia global. Os atentados ocorridos nos Estados Unidos em 2001 refletem até os dias de hoje, principalmente no segmento de aviação e turismo.

1.4 Importância do Estudo

A decisão de compra é cada vez mais realizada no ponto-de-venda. Estudos no segmento supermercadista apontam para um índice de 81% de decisões realizadas na loja – escolha da categoria do produto ou da marca (POPAI BRASIL, 2004). Menos da metade dos consumidores que freqüenta esse ambiente leva lista de compras, e mesmo os que preparam suas listas não terão necessariamente uma compra totalmente planejada. A atmosfera criada na loja, as ações de *merchandising*, exercem forte influência sobre o consumidor. O que poderia parecer uma contradição é uma realidade. Num país em que a população vive assombrada pelo fantasma da instabilidade econômica e tem seu poder de compra constantemente reduzido, estranhamente não se planejam as compras.

Os últimos anos mostram que os investimentos na mídia de ponto-de-venda (*in-store media*) vêm crescendo, roubando verbas destinadas anteriormente aos meios tradicionais. Chega-se ao consenso de que, por menor que seja a verba para investimentos em comunicação e marketing, a empresa que quiser chamar a atenção de seu cliente deve considerar todo o entorno de seu produto e o ambiente de venda.

O conhecimento do comportamento de nosso *target* trará uma importante vantagem competitiva, evitando o desperdício de recursos e o acerto nas estratégias de marketing.

2 Conceitos Gerais – Por Que os Consumidores Compram?

2.1 Definição

O comportamento do consumidor é o estudo da unidade compradora, considerando suas atividades físicas, emocionais e mentais envolvidas na seleção, compra e uso de produtos ou serviços.

O consumidor não adquire simplesmente um objeto, um bem material, ele busca a realização de um sonho, a resolução de um problema.

Antes de analisá-lo como um consumidor, estudamos o ser humano; toda sua complexidade e seu comportamento é o resultado da manifestação de uma grande quantidade de processos internos, altamente complexos.

Cada consumidor é único em seu nível de complexidade, dificultando a tarefa de explicar e definir uma só teoria que determine o comportamento de compra.

Assim, definem-se conceitos que melhor representem grupos de consumidores que apresentam comportamentos similares, motivados por um conjunto de características em comum.

2.1.1 Teoria Econômica

A Teoria Econômica assume como premissa que o consumidor buscará sempre maximizar a utilidade, procurando um produto que ofereça mais utilidade em função do preço pago. Resumindo, é a busca pela maximização da relação custo–benefício.

Esta teoria reconhece o esforço do consumidor para, em qualquer situação de escolha, buscar e avaliar as alternativas disponíveis para adotar aquela que trará a maior satisfação pelo custo envolvido.

Princípios da Teoria Econômica:

❖ Os desejos e necessidades dos consumidores são ilimitados, não podendo ser satisfeitos por completo.

❖ Considerando a complexidade deste processo, o consumidor tende a escolher a alternativa que maximize sua satisfação.

Os consumidores são perfeitamente racionais em suas decisões de compra, tomando suas decisões de maneira independente, sem a influência dos demais, tendo como constante suas preferências.

Esta teoria é mais aceita no caso do comprador corporativo. Presume-se que a compra na organização seja muito racional, levando-se em conta aspectos econômicos.

"Os consumidores buscam sempre a melhor relação qualidade–preço."

Aplicação Prática: Analisando as estratégias promocionais de parte do varejo, pode-se identificar a validade desta teoria. Ofertas e promoções referentes ao preço são percebidas diariamente.

> **10% de desconto!**
> **Liquidação!**

Figura 1.1   Banner promocional.

2.1.2 Teoria da Aprendizagem

Esta teoria tem como base os estudos de reflexos condicionais de Pavlov.

Pavlov fundamentou sua teoria no comportamento gerado pelos conhecimentos adquiridos.

Na prática, o consumidor avalia as alternativas dos produtos que já conhece e que anteriormente ofereceram bons resultados, deixando as demais opções de lado.

Prova-se, assim, que nem sempre as pessoas adotam um comportamento racional, avaliando e escolhendo todas as alternativas oferecidas por determinada categoria, mas, sim, que a lealdade a determinada marca ou produto é um processo de aprendizagem, impedindo em algumas situações que o consumidor experimente outro produto de melhor custo–benefício.

Ações de *sampling* e degustação têm como principal objetivo romper essa barreira, oferecendo ao consumidor uma prova gratuita do novo produto.

2.1.3 Teoria Psicanalítica

Freud afirma que a maioria das ações das pessoas é orientada para satisfazer necessidades, porém, como a sociedade impede essa manifestação deliberada, elas se apresentam de maneira oculta mediante o comportamento cotidiano.

A seguir, apresentaremos alguns importantes conceitos a ser retomados ao longo de todo o estudo.

2.2 Compra por Impulso

Muito se tem falado sobre a compra impulsiva. Mas afinal o que é exatamente? Podemos definir, de maneira bastante simples, a compra por impulso como uma aquisição não planejada na ocasião em que ocorreu. O indivíduo, por exemplo, sai de casa com o objetivo de ir ao shopping assistir a um filme e depois comer algo na praça de alimentação. Ao finalizar a refeição, encaminha-se ao estacionamento, percorrendo os corredores e olhando algumas vitrines. Subitamente, ele tem sua atenção despertada por uma loja, sinalizando uma oferta imperdível. Entra, sem compromisso, e dá uma 'olhadinha' nas *ofertas imperdíveis*. Resultado, sai da loja carregando uma sacola de compras.

> **Ofertas Imperdíveis!**
> **Aproveite!**

Figura 1.2   Comunicação promocional.

A situação descrita relata um típico exemplo de compra por impulso, motivada pela sinalização promocional no ponto-de-venda.

2.3 Papéis do Cliente

Para a correta compreensão do comportamento de consumo, um dos mais importantes conceitos que devem primeiro ser compreendidos é o do papel desempenhado pelo cliente. Um mesmo cliente ou até mesmo clientes diferentes podem desempenhar três papéis:

Comportamento do Consumidor

- **Comprador:** aquele que adquire o produto ou contrata o serviço;
- **Usuário:** o indivíduo que utilizará a solução adquirida;
- **Pagante:** aquele que efetua o pagamento.

Próximo ao Dia das Mães, notamos nos principais shoppings milhares de consumidores desempenhando o papel de compradores, em busca de presentes que agradem às suas mães (usuárias). Neste exemplo, podemos considerar que em muitas situações os pais efetuarão o pagamento dos presentes quando chegar a fatura do cartão de crédito.

Num processo de compra entre empresas (*Business to Business*), é fundamental compreender o papel desempenhado por cada um dos clientes envolvidos. O Departamento de Marketing (usuário) pode estar solicitando ao Departamento de Compras (comprador) a aquisição de um novo equipamento necessário para o desempenho de suas atividades. O Departamento Financeiro (pagante) fará uma análise das condições de compra, taxas de juros ou o sistema de *leasing* oferecido.

Para o profissional de marketing, é fundamental a identificação das unidades apresentadas, buscando motivos e argumentos que atendam às necessidades de cada uma delas.

Exemplo:

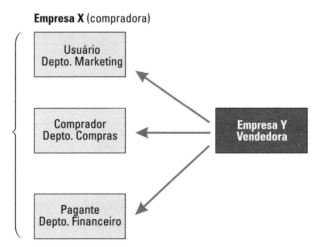

Figura 1.3   Papéis desempenhados pelo cliente.

3 Fatores de Influência na Decisão de Compra

Esta seção tem por objetivo apresentar os principais fatores que influenciam na decisão de compra, fornecendo uma visão geral das influências sociais, biológicas e demográficas. Na maior parte dos processos decisórios estudados, percebemos a influência de alguns fatores atuando simultaneamente.

3.1 Fatores de Influência

3.1.1 Aspectos Pessoais – Variáveis Demográficas

As principais variáveis demográficas que atuam sobre o comportamento do consumidor são: sexo, idade, posição no ciclo de vida, profissão e ocupação, condições econômicas e estilo de vida.

Atualmente, os jovens brasileiros são mais sensíveis a ofertas de instituições financeiras quanto à contratação de um plano de previdência privada. Um indivíduo mais idoso normalmente está mais propenso a avaliar planos de seguro de vida.

As seguradoras de automóveis, percebendo o diferente comportamento na condução de veículos entre homens e mulheres, diferenciaram o pacote de serviços prestados, valorizando a maior prudência das mulheres, oferecendo um seguro mais acessível.

3.1.2 Aspectos Culturais

Cultura

A cultura é a personalidade de uma sociedade. Podemos também defini-la como o conjunto de valores, costumes, crenças e atitudes adotadas por determinada sociedade com o objetivo de regular o comportamento de seus membros.

A primeira cultura aprendida é a transmitida pela família, que filtra as normas e atitudes da sociedade. Segundo a psicóloga Christiane Gade, esse processo tem sido conceituado como *socialização*. Quando o indivíduo aprende uma segunda cultura, o processo é denominado *aculturação*.

Engana-se quem imagina que o refrigerante Coca-Cola seja o líder de mercado em todo o Brasil. O que dirá o leitor de um refrigerante cor-de-rosa, de sabor extremamente adocicado e feito à base de xarope de canela? Esse refrigerante existe e se chama Guaraná Jesus. Sem a intenção de apelar aos fatores religiosos, o refrigerante, líder de mercado no Maranhão, foi desenvolvido pelo farmacêutico Norberto Jesus.

Para o profissional de marketing, é fundamental o conhecimento das diferentes culturas ao longo do território brasileiro.

A rede de *fast-food* americana McDonald´s demonstra essa preocupação. Ao iniciar suas atividades em determinado país, procura identificar aspectos significativos da cultura local. No Brasil, a empresa reconheceu, quando abriu suas primeiras lojas, que deveria ensinar o consumidor a freqüentar sua lanchonete. Mesmo não tendo sido a primeira rede de *fast-food* a atuar no país, provavelmente foi a primeira a considerar que em nossa cultura o consumidor tinha como hábito entrar numa lanchonete e ir à mesa, aguardando o garçom para fazer o pedido. O McDonald´s ensinou a todos nós como freqüentar suas lojas, mudando nosso hábito de consumo.

Sorte diferente teve a rede Pizza Hut. Analisando a atuação da referida empresa, sob a ótica do comportamento de consumo do brasileiro, na maior parte das regiões do país, podemos notar as seguintes divergências da proposta da empresa:

- ❖ Produto Pizza – estrutura e sabores diferentes dos tradicionalmente consumidos, massa extremamente grossa para os padrões locais;
- ❖ Preparo – forno elétrico e não a lenha;
- ❖ Hábito de consumo – a pizza é preferencialmente consumida à noite;
- ❖ Ambiente de consumo – "tudo acaba em pizza", comer pizza é uma atividade social, de confraternização e convivência. O *layout* das lojas, estático em relação à mobília, não permitindo a um grupo de freqüentadores se sentar à mesma mesa.

Atualmente, a maior parte dessas considerações foi revista, estando hoje a empresa mais próxima da cultura do consumidor brasileiro e com maiores chances de sucesso.

Grupos étnicos

Representam uma das subculturas mais estudadas; as mais importantes baseiam-se em nacionalidade ou raça.

Para o profissional de marketing, interessa a identificação deste grupo de consumidores, originários de imigrantes, que mantiveram suas crenças e costumes do país de origem.

Na Serra Gaúcha, percebemos a forte influência de comunidades de imigrantes da Europa – Alemanha e Itália. Esses indivíduos mantiveram costumes de alimentação, vestimentas e a língua do país de origem. A empresa que desejar atuar na região deverá considerar esses valores e crenças.

A loja do supermercado Pão de Açúcar, localizada no bairro da Liberdade, em São Paulo, oferece um *mix* de produtos voltados à importante comunidade imigrante de japoneses.

Grupos religiosos

Obedecendo a normas religiosas, estes grupos são importantes subculturas. Principalmente em momentos de instabilidade financeira, o indivíduo busca sustentação na religião, qualquer que seja sua crença.

A comunidade evangélica tem se mostrado um público altamente potencial e influenciado para a compra de produtos com motivos religiosos.

Como exemplo, citamos novamente o Grupo Pão de Açúcar. Algumas de suas lojas, situadas em bairros com presença significativa de membros da comunidade judaica, comercializam produtos que seguem os preceitos da alimentação *kosher*. Essa mesma prática pode ser notada na maior parte das companhias aéreas, oferecendo ao viajante a opção de escolher um menu diferenciado de acordo com as normas alimentares que observa.

Na Índia, o McDonald's teve de adaptar seu *mix* de produtos, substituindo a carne bovina dos lanches em atenção à crença local, que considera este animal sagrado.

3.1.3 Aspectos Sociais

Independentemente do critério de estratificação que seja utilizado, estes fatores representam divisões discretas da sociedade, apresentando mobilidade entre os membros das diferentes classes. O indivíduo que hoje pertence a certa classe social, na prática, pode ascender ou descender.

Cada classe traz consigo uma subcultura, apresentando similaridade quanto a traços de personalidade, linguagem e pensamentos. Os indivíduos que fazem parte de determinada classe social são relativamente homogêneos, com características sociais comuns.

Recentes estudos realizados no Brasil mostram um comportamento de compra das classes mais populares predominantemente mais conservador, preferindo marcas líderes. Esse consumidor, normalmente limitado quanto aos recursos financeiros, não pode correr o risco de errar, adotando na maior parte das vezes a opção pelas marcas conhecidas, evitando a compra de lançamentos.

As principais redes varejistas têm direcionado seus esforços para atender a esse importante nicho de mercado. Esses consumidores, por muito tempo rejeitados, são hoje reconhecidos em função da enorme massa à qual compõem e porque, de alguma maneira, são menos sensíveis às freqüentes oscilações da economia.

O Supermercado Barateiro, depois de ser comprado pelo Grupo Pão de Açúcar, mudou sua estratégia, buscando uma maior aproximação desse público, disposto a atender realmente às suas necessidades. Modificando o conceito de foco em preço e marcas próprias, a empresa concentra-se em marcas conhecidas, oferecendo um *mix* mais variado e, sobretudo, agregando serviços. Como marco do processo de reposicionamento, o nome do supermercado mudou para Compre Bem.

As estratégias de comunicação do Compre Bem são desenvolvidas pela primeira agência posicionada a atender clientes que atuem no mercado popular, a Popular Comunicação, atenta a essas peculiaridades.

Vivemos e atuamos num país de contrastes: numa das extremidades, empresas voltadas à maior parcela da população, o consumidor popular; na outra, um seleto grupo de consumidores de altíssimo poder de compra, gerando uma *performance* que confere ao Brasil a posição de destaque mundial na venda de marcas como Mont Blanc, Tiffanys e Ferrari.

A Fundação Armando Alvares Penteado (FAAP), em São Paulo, atenta a esse universo, lançou no final de 2003 um MBA inédito, o da Gestão do

Luxo. Em sua primeira edição, o curso superou todas as expectativas quanto ao número de interessados.

3.1.4 Aspectos Sociogrupais

O que é um grupo? Pode-se definir um grupo como pessoas que mantêm uma relação de interdependência. O comportamento de cada um de seus membros influenciará potencialmente os demais.

De acordo com a posição ocupada pelo indivíduo em seu grupo, esse terá de desempenhar um padrão de comportamento esperado. Os padrões são conhecidos como *papéis sociais*. Por exemplo: "Na empresa em que trabalho, todos usam trajes sociais... faz parte da imagem da empresa... devo comprar alguns ternos novos".

O grupo-objeto da maior parte dos estudos sobre o comportamento de consumo é o grupo-família. A família filtra as normas da sociedade, ditando aquelas que serão aceitas ou rejeitadas.

A boa compreensão do comportamento do consumidor aponta para o estudo da influência da família nas decisões de compra.

Cada membro da família desempenha papéis em relação ao consumo:

- ❖ **Iniciador.** Quem apresenta a idéia a respeito de determinado produto ou serviço. Em algumas situações, é quem busca a informação referente a esse objeto desejado.
- ❖ **Influenciador.** Quem influencia com sua opinião na busca de informações e também na avaliação e decisão final.
- ❖ **Decisor.** Quem define onde será efetuada a compra, em que quantidade, qual cor ou modelo, qual marca e forma de pagamento.
- ❖ **Comprador.** Quem realiza a compra.

Atualmente, percebemos a grande influência dos membros jovens da família na decisão de compra de produtos de informática e eletroeletrônicos. Quando estudamos o *grupo-família*, a análise cada vez mais recai sobre a diferença no comportamento de seus membros. Como se comportam homens e mulheres. E o comportamento da criança, como ocorre?

Ninguém há de discordar que biologicamente homens e mulheres são diferentes. Todo o processo de desenvolvimento e amadurecimento aponta para sensíveis diferenças. Homens e mulheres são 'compradologicamente' diferentes (POPCORN, 2001).

A análise dessas diferenças no cenário brasileiro deve considerar todo o processo social ao qual estamos inseridos nas últimas décadas. O processo de emancipação feminina reflete-se em importantes conquistas e novos comportamentos, porém, não podemos deixar de considerar os resíduos ainda presentes em nossa sociedade de uma cultura bastante machista.

Os conceitos apresentados a seguir não têm como objetivo fornecer um padrão de comportamento, e, sim, uma similaridade percebida e estudada, em diversas situações, na interação de consumidores com o ambiente de varejo.

3.1.5 Homens

Predominantemente, os homens não gostam de comprar! As compras são vistas como uma necessidade quanto à aquisição do objeto desejado. O prazer é percebido no produto adquirido, mas todo o processo que antecede a posse é normalmente visto como um mal necessário, um 'sofrimento'. Como uma 'equipe de resgate', o consumidor entra rapidamente na loja e livra-se do problema.

Estudos realizados com a ajuda de câmeras ocultas, colocadas estrategicamente nas lojas, demonstram algumas típicas características dos homens quando interagem com o ambiente varejista: são objetivos, deslocam-se rapidamente pelos corredores e não gostam de perguntar.

Homens normalmente são objetivos, querem entrar na loja, encontrar o produto desejado e ir embora. Caso tenham dúvida, se possível, querem encontrar à disposição um manual técnico que possa auxiliá-lo. Produtos voltados a este público devem estar muito bem sinalizados, de fácil localização. Esperar que o homem percorra a loja, conhecendo os lançamentos e as novidades, pode ser um equívoco. Se não encontrar o produto desejado, a tendência do homem é ir embora, sem solicitar a ajuda de funcionários. O contato com funcionários em geral é evitado; o homem não gosta de perguntar!

A rede Boticário identificou esse comportamento, adaptando recentemente o *layout* de seus estabelecimentos. Na última revitalização das lojas, os produtos voltados ao público masculino foram trazidos para a frente, expostos no sistema de auto-serviço. O consumidor masculino entra, pega o produto e vai ao caixa. Como resultado, a empresa aponta um significativo crescimento nas vendas dessas linhas de produtos.

Mais concretos do que as mulheres, os homens apresentam certa dificuldade de visualizar o objeto analisado quando de seu uso. Lojas como a Tok Stock e Etna, que criam o ambiente facilitando a visualização do produto em seu local de utilização, têm a preferência deste consumidor.

Durante muito tempo os homens foram chamados pelos varejistas de porta-carteiras. Não tinham prazer em comprar, mas faziam questão de mostrar que efetuavam o pagamento das compras, até mesmo como uma forma de demonstrar toda sua virilidade.

Percebemos hoje uma pequena mudança de comportamento. A sociedade, apesar de apresentar resquícios machistas, cobra do homem um cuidado maior quanto à sua aparência. A vaidade masculina nunca esteve tão aflorada. Produtos voltados a essa necessidade ganham espaço no mercado. Clínicas de estética oferecendo os mais variados serviços, antes exclusivos ao público feminino, ganham a cada dia mais adeptos do sexo masculino. Surge, então, o conceito de *metrossexual*.

Metrossexual é uma definição fashion-mercadológica para o homem que, mensalmente, gasta cerca de 30% de seu salário com produtos e serviços voltados à sua apresentação pessoal e vaidade.

Devemos também chamar a atenção para os consumidores de orientação homossexual. De perfil bastante singular, são normalmente exigentes, investindo boa parte de seus recursos em roupas, acessórios e lazer. Em todo o mundo, grupos homossexuais brigam pelo reconhecimento de direitos básicos e igualdade a todo ser humano. A passeata GLS (gays, lésbias e simpatizantes), realizada anualmente na cidade de São Paulo, mostra a força deste público. Nos últimos cinco anos, o movimento evoluiu de um pequeno encontro com centenas de participantes para um expressivo evento, com mais de um milhão e meio de participantes em 2004 – o maior movimento registrado, até então, em todo o mundo.

3.1.6 Mulheres

O sapato desnuda a essência de uma pessoa [...], é o toque final – que tanto pode valorizar o visual como derrubar a pessoa [...]. O sapato denota o cuidado da pessoa consigo mesma e com sua aparência. Ele sinaliza do extremo capricho ao desleixo total [...]. Como tal, as mulheres colecionam sapatos. Não resistindo ao impulso de compra, chegam a adquirir vários pares de uma só vez, idealizam e compõem um traje a partir do sapato, namoram as vitrines [...], sentem-se sensuais com saltos altos e declaram-se loucas por eles (HERZOG).

Todo o encanto, a sedução e a atmosfera criada na loja são desenhados pensando no público feminino. Para a mulher, a compra envolve mais do que a simples aquisição de objetos. O encanto com as atividades de comprar se percebe no preparo para o evento. O processo de análise, investigação, prova e teste satisfaz a maior parte das consumidoras.

Normalmente, são mais capacitadas e conhecedoras do ambiente varejista. Algumas teorias tentam justificar esse comportamento diferenciado em relação aos homens:

❖ **História.** Desde a pré-história, o homem é caçador, enquanto a mulher é coletora. O caçador pouco interage com o objeto de caça. Diferentemente, a coletora recorre a seus recursos sensoriais para obter informações e percepções. Esse comportamento é percebido no varejo quando as mulheres buscam o contato, as informações, e o homem mostra-se mais objetivo, buscando sua caça.

❖ **Social.** Há algumas décadas, a sociedade permitia uma participação bastante restrita da mulher. Ela ficava confinada ao ambiente doméstico, desempenhando basicamente as tarefas da casa. Os poucos momentos de fuga, de escape, eram possibilitados quando ela ia ao mercado, às mercearias, para comprar alguns itens para a casa. Essa atividade era desenvolvida com grande prazer e satisfação.

Sabemos que a sociedade brasileira sempre cobrou do homem um comportamento bastante viril, reprimindo sua manifestação de fragilidade e conseqüente expressão de seus sentimentos: 'homem não chora'.

É comum observar nas escolas, durante o recreio, os meninos jogando futebol. Nesse momento, o que fazem as meninas? Conversam, alguns diriam, fofocam. As meninas, nesse momento, como na maior parte de seu convívio social, trocam informações, desenvolvem sua capacidade de comunicação e relacionamento, expressando com muita facilidade seus sentimentos.

Essas diferenças são percebidas no comportamento de compra. A mulher entra na loja, interage, pergunta, questiona e sabe dizer o que busca. O homem tem dificuldade, muitas vezes não consegue verbalizar o que deseja. Nesse momento, a quem ele recorre? À mulher!

Estudos realizados no Brasil por algumas operadoras de cartão de crédito apontam para um comportamento bastante interessante. Em mais de 70% das situações em que o homem está acompanhado de sua mulher, comprando roupas masculinas, ela é quem define o que vai ser comprado para que o homem utilize. A mulher é quem decide! A mulher, enquanto acompanhante, começa a fazer parte das estratégias de atendimento do varejo. Nessa situação, cabe ao vendedor argumentar e esforçar-se para satisfazer as necessidades da mulher.

Crítica e exigente, a mulher condena produtos ou serviços que não tenham utilidade, agindo como mola propulsora de mudanças no mercado. Muitas indústrias, principalmente a automobilística, vêm nos últimos anos adaptando seus produtos a esse diferenciado público. Nada mais justo, considerando que hoje as mulheres representam praticamente 50% das compras de automóveis, sendo há muito tempo as principais influenciadoras e decididoras.

3.1.7 Mundo Pós-feminista

A mulher, por necessidade e capacidade, foi ao mercado de trabalho e cada vez mais ocupa posições tradicionalmente exercidas por homens. Este novo momento é conhecido como *mundo pós-feminista*.

As principais características deste cenário refletem uma mulher que conquistou sua liberdade financeira, não dependendo totalmente do porta-carteiras (denominação conferida aos homens pelos varejistas); apesar das vitórias, ela sente a falta de tempo como um grande fator que a impede de realizar algumas atividades. Diante do novo *status*, a mulher valorizará cada vez mais soluções que atendam às suas novas necessidades.

Não obstante tantas conquistas, cabe ainda à mulher as múltiplas tarefas, como o cuidado com a casa e com a família, além de gerenciar sua carreira. Percebemos, então, o início de uma inversão de papéis: mulheres que trabalham e provêem a família, enquanto os homens desempenham as atividades domésticas, cuidando da casa e dos filhos. Por opção, ou falta de oportunidade no mercado de trabalho, é comum hoje em dia em algumas regiões notarmos a presença de homens passeando com seus filhos enquanto suas esposas estão trabalhando.

As mulheres inseridas no mercado de trabalho mantêm como atividade prazerosa o hábito de comprar. Porém, em alguns momentos, identificamos uma mudança de comportamento. Ao analisar uma mulher observando uma vitrine, entrando na loja e pedindo ao vendedor para provar o par de calçados apontado, ela espera, nessa situação, uma solução rápida para seu problema. Nesse momento, a apresentação de várias opções indicadas pelo vendedor pode aborrecê-la, pois ela não tem tempo disponível para um longo contato. A situação descrita, cada vez mais comum, remete ao comportamento identificado como tipicamente masculino.

Outra consideração importante, levando-se em conta o perfil de compras da mulher, aponta o prazer desta atividade por permitir o contato com outras mulheres, com outras consumidoras. A prática é percebida como uma oportunidade de interação social. A mulher vai às compras para ser vista e também para ver pessoas. Ciente dessa particularidade, o varejo feminino busca a aproximação de mulheres com o mesmo estilo no ponto-de-venda.

Dotada de uma alta e aguçada capacidade de abstração, a mulher consegue visualizar o produto analisado quando do momento de seu uso. No provador, é capaz de vivenciar a festa que participará, usando o vestido que naquele momento experimenta.

3.2 Adaptação de Produtos e Serviços

O grande desafio para as empresas é adaptar produtos e serviços tipicamente masculinos ao público feminino (POPCORN,2001). Podemos agregar a essa definição o pensamento de que a estratégia inversa também deve ser considerada, adaptando soluções femininas ao público masculino.

Notamos o grande número de homens que se aventuram a mostrar seus dons culinários. Esses novos cozinheiros, quando vão preparar suas invenções, são sensíveis ao uso de utensílios e recursos inovadores. Empresas como a fabricante de cozinhas Kitchens, percebendo o potencial do novo público, lançou recentemente uma linha de cozinhas semiprofissionais, totalmente voltada a atender aos desejos do homem.

Há algumas gerações, o homem não comprava nem mesmo suas roupas íntimas, quanto mais se arriscava a dar uma *lingerie* de presente para sua esposa ou namorada. Atualmente, o homem busca esse tipo de produto para presenteá-la. Contudo, percebemos uma falta de preparo do varejo para receber o novo consumidor que não é o usuário e, sim, apenas o comprador.

Vejamos a situação das mulheres. Ambientes tipicamente masculinos, como postos de gasolina, oficinas mecânicas, são totalmente refratários a esse público. É quase como se colocassem uma placa na entrada dizendo: "Mulheres não são bem-vindas".

Prestadores desses serviços identificam a oportunidade de oferecer um espaço que reconheça as necessidades e os desejos da mulher. Nos supermercados e shoppings, atualmente, as mulheres podem fazer suas compras enquanto seu carro é lavado.

3.2.1 Crianças – Júnior

Considerada por muitos anos como mera usuária dos produtos comprados pelos pais, a criança mais do que nunca faz parte das estratégias das empresas.

O Brasil, mesmo apresentando um envelhecimento de sua população, ainda exibe um contingente extremamente expressivo de crianças (até os 14 anos de idade). Segundo o último levantamento do IBGE, cerca de um terço da população é formada por crianças.

Como vimos anteriormente, a falta de tempo dos pais torna a prática de comprar um programa familiar. A família vai em bloco às compras. Assim, desde seus primeiros anos de vida, a criança participa desse processo, freqüentando o ambiente varejista com muita naturalidade e prazer. Nos supermercados, mesmo quando não está presente, sua influência é percebida. A mãe, desacompanhada dos filhos, traz a encomenda de seis a oito itens em média.

Altamente influenciadoras, as crianças demonstram sua capacidade de decisão de compra participando da escolha de produtos que serão utilizados em seus lares, decidindo sobre marcas de sua preferência, aceitas pelo seu grupo de referência, sua pequena tribo.

A empresa que quer vender para a criança deve colocar o produto ao seu alcance, facilitando a visualização e principalmente o teste. As principais redes de lojas de brinquedos transformaram seus pontos-de-venda em pequenos *playgrounds*. No espaço de suas lojas, a criançada se diverte, testando os lançamentos e, dessa forma, tendo um tempo maior para convencer os pais sobre a compra de algum dos brinquedos avaliados.

Vejamos as livrarias, como, por exemplo, a Saraiva e a Siciliano. Em suas lojas, uma pequena área é destinada ao público infantil. Nesse ambiente, normalmente lúdico, a criança pode imitar o comportamento do adulto, tendo livros à sua disposição, vídeos exibidos em pequenos televisores e estações de escuta para ouvir CDs infantis. Já se percebe a influência desse novo movimento no comportamento dos pequenos. A criança freqüenta a livraria com o mesmo prazer de uma loja de brinquedos, pede aos pais para retornar e identifica nessas empresas uma postura amiga, sensível à sua presença. Podemos estar presenciando o início de uma mudança no hábito de leitura dos brasileiros.

Nos supermercados, como, por exemplo, algumas lojas do Grupo Pão de Açúcar, produtos voltados ao público infantil são expostos no seu campo visual. Logo na entrada da loja, a criança encontra um carrinho de compras igual ao do adulto, mas esse ela poderá pilotar sozinha, fazer algumas compras imitando os seus pais e, no final, convencê-los a levar alguns dos itens colocados em seu carrinho.

Recentes estratégias utilizadas para atrair esse importante público nos ensinam algumas valiosas lições:

a) **Novidades** – As crianças gostam de ser surpreendidas por lançamentos, estando constantemente à busca de coisas novas. Reco-

nhecem marcas e grifes, diferenciando suas propostas, porém, ado-
ram algo novo.

b) **Altamente informatizadas** – Diferentemente de muitos adultos,
as crianças desta geração nascem imersas no contexto da tecnologia,
dos videogames e da Internet. O acesso fácil à informação faz deste
consumidor um indivíduo altamente antenado.

c) **Consumidor precoce** – A criança é *trainee* de consumo (RAISMAN).
Cada vez mais decide o que vai vestir, onde vai comer, quais marcas
respeita e quais rejeita.

d) **Gostam de colecionar e participar** – Estas estratégias há muito
tempo funcionam, agradando a este exigente consumidor. A Parmalat,
nos anos 90, foi protagonista de uma maravilhosa campanha, trabalhando sua estratégia promocional e de comunicação voltada a este
público. Ao criar a campanha dos bichinhos de pelúcia, a empresa
trouxe um contingente enorme de crianças como participantes, fazendo com que muitas famílias mudassem seus hábitos de consumo momentaneamente. No McDonald´s, a criança sente-se em casa,
num ambiente feito sob medida. Mesmo que ainda não saiba ler, ao
visualizar numa praça de alimentação aquela estrutura amarela formando dois arcos, sabe que ali está uma lanchonete feita para ela.
Nesse ambiente, a criança sabe pedir seu lanche, alcança os bancos
e a mesa de refeição. Tudo é mágico; em poucos segundos, qualquer
item apresentado no menu iluminado e de fácil leitura está à disposição. E o melhor vem no final: como recompensa, a criança ainda
'ganha' uma caixinha com brindes. Tudo perfeito!

No relançamento do Guaraná Caçulinha, a Antarctica recorreu à criançada. Nas embalagens do guaraná, o comprador ganhava um brinde: um
Pokémon, personagem que fazia muito sucesso com o público infantil no
momento. As mães foram transformadas em 'caçadoras de Pokémon'. Assim, os filhos deveriam 'sensibilizar' suas mães a não decepcioná-los, caçan-
do pokemons.

4 Necessidades e Motivação

Podem-se criar necessidades nos consumidores?

Comumente, profissionais de marketing e publicitários são criticados por criar necessidades nos consumidores.

Esta seção tratará de um dos mais importantes conceitos no estudo do comportamento do consumidor, tendo como principal objetivo desmistificar essas premissas, definindo a diferença entre necessidades e desejos.

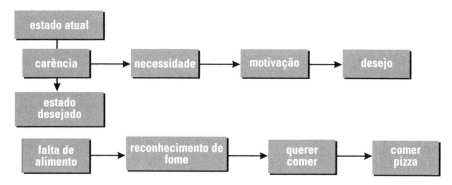

Figura 1.4 "Processo motivacional".

4.1 Motivos Racionais e Emocionais

O estudo do gráfico apresentado nos leva à compreensão destes importantes conceitos:

a) **Carência** – refere-se à falta de algo no organismo. Esta percepção pode ser consciente ou não.

b) **Necessidade** – é a diferença entre a situação atual e a situação desejada. A existência de determinado nível de carência estimula o organismo a reconhecê-la. Esse reconhecimento é a necessidade.

c) **Motivação** – representa as atividades nas quais nos engajamos em direção a um objetivo. Nosso organismo se incentiva, ou motiva-se, por meio de estímulos internos (fome, sede) ou externos (aroma, publicidade).

d) Desejo – é a motivação 'com nome próprio'.

O profissional de marketing deve identificar as necessidades de seus consumidores, orientando sua satisfação por meio de determinado produto ou serviço.

Variação do produto de acordo com a necessidade do consumidor:

Necessidade	Produto
saúde	xampu anticaspa
beleza	xampu que oferece brilho ao cabelo
economia e praticidade	xampu 3 em 1
moda	xampu com embalagem moderna

4.2 Teorias Motivacionais

4.2.1 Teoria de Maslow

Uma das mais importantes e conhecidas teorias motivacionais é a teoria de Maslow.

Segundo Maslow, os desejos e as necessidades seriam organizados em prioridades e hierarquia, obedecendo a uma escala de níveis representada por uma estrutura piramidal.

Os níveis apresentados na ilustração não interdependem uns dos outros, porém, a satisfação de determinado nível não elimina a satisfação do outro.

Inicialmente, o ser humano tem as necessidades fisiológicas e as de segurança. Uma vez que essas estão satisfeitas, surgem as de afeto e de *status*; posteriormente ocorre o último nível, o da auto-realização.

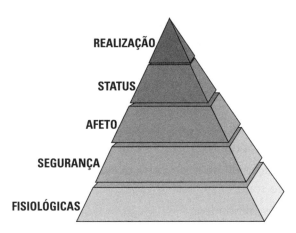

Figura 1.5 Pirâmide de Maslow.

A seguir, definimos cada uma delas:

a) **Necessidades fisiológicas** – São as necessidades básicas, também chamadas de fundamentais, uma vez que a sua não-satisfação pode colocar a vida do indivíduo em perigo, exceção feita à necessidade sexual.

Podemos relacionar algumas das necessidades básicas:
- respiração
- alimentação (fome e sede)
- eliminação
- sono, descanso
- sexo

Ao profissional de marketing interessa identificar a melhor estratégia, para que o consumidor tenha como resposta às necessidades básicas a solução que sua empresa oferece ao mercado. Como criar o desejo para a resposta a essas necessidades? Indo ao encontro das necessidades secundárias ou sociais, ou seja, as de segurança.

b) **Necessidades de segurança** – Sua principal característica é que nesse momento o indivíduo não busca a satisfação imediata, e, sim, assegurar a satisfação no futuro, prevendo necessidades futuras.

Geralmente, o indivíduo busca a segurança física, psíquica e econômica.

Segurança física

- Casa própria: "Realize o sonho da casa própria...";
- Aplicação de filme ao vidro dos automóveis, reduzindo a ameaça de roubo;
- Carros blindados.

Segurança psíquica

- Seguro de vida;
- Plano de previdência privada.

Segurança econômica

- Investimentos que garantam uma boa taxa de retorno.

c) **Necessidades de afeto ou pertinência** – Todo indivíduo busca a vida em comunidade, tendo a necessidade de se sentir pertinente, aceito pelo grupo que freqüenta.

A necessidade de afeto desperta no indivíduo a necessidade de sentir-se querido por outras pessoas, buscando a proteção dos integrantes do grupo ao qual se identifica. A moda é provavelmente a principal representação de tal motivação.

As empresas, e especialmente o varejo, exploram a cada nova coleção essa motivação. Para ser aceito pelo grupo, o consumidor buscará estar na moda, utilizando produtos e acessórios das coleções do momento.

Os clubes e academias exploram a mesma motivação. Pessoas com estilo de vida similar são sensibilizadas a freqüentar o mesmo ambiente: "Você não vai ficar de fora, vai?".

Comportamento do Consumidor

d) **Necessidade de *status*** – Por mais que o indivíduo seja querido e amado pelos membros de seu grupo, ele buscará, em alguns momentos da vida, o reconhecimento, o respeito e a distinção. Ou seja, ser admirado, reconhecido como um indivíduo vencedor, contar com o prestígio e *status* das pessoas.

Para satisfazermos a necessidade básica de locomoção, podemos utilizar um automóvel popular, ou para atendermos à necessidade de escrita, podemos utilizar uma simples caneta esferográfica.

Certos produtos, pela representação que sua marca tem, satisfazem a este tipo de necessidade, que jamais estará totalmente satisfeito. É natural do ser humano buscar constantemente a distinção.

e) **Necessidade de auto-realização** – De acordo com Maslow, esta necessidade é a mais difícil de ser plenamente satisfeita. Nesse momento, o indivíduo buscará seu desenvolvimento pessoal, a compreensão do universo, a filosofia, o estudo. A necessidade de auto-realização, segundo a teoria, parte de um indivíduo que identifica uma potencialidade não desenvolvida.

4.2.1.1 Análise crítica

A teoria desenvolvida por Maslow explica muitos comportamentos de consumo. Por vivermos numa cidade altamente insegura, é comum verificarmos o comportamento do consumidor paulistano, buscando a satisfação de necessidades que não foram plenamente satisfeitas por intermédio de algumas compensações do tipo "Eu mereço!".

Alguns teóricos tecem criticas à famosa estrutura piramidal, identificando que, de acordo com o estágio do consumidor, seu momento no ciclo de vida, ou o papel desempenhado na sociedade, pode ter um foco maior em determinada necessidade. O jovem normalmente é mais obstinado à satisfação das necessidades de *auto-realização*, enquanto o idoso está mais sensível à satisfação das necessidades de *segurança*.

Varejo e Clientes

Aplicação das Necessidades na Estratégia de Marketing

Necessidade	Estratégias de Marketing
Segurança	**Produto:** carro blindado
	Usuário: indivíduo de alto poder aquisitivo
Afeto	**Produto:** minivan familiar
	Usuário: pai de família com filhos
Status	**Produto:** carro de luxo
	Usuário: executivo
Auto-realização	**Produto:** carro esportivo com tração nas 4 rodas
	Usuário: indivíduo com espírito aventureiro

4.2.2 Teoria de Freud

Para compreender, talvez mais profundamente, as instâncias psíquicas que podem ser atingidas pela propaganda ou pelos produtos, podemos recorrer à teoria freudiana. Freud estabeleceu como componentes da personalidade três estruturas distintas: o *id*, o *ego* e o *superego*.

❖ **Id.** O id é instintivo. É a instância primitiva, obedecendo ao princípio do prazer e principalmente da satisfação imediata desse prazer.

Para compreendermos, basta pensarmos na criança que é movida em seus primeiros anos de vida basicamente pelo id; ela busca apenas e exclusivamente o prazer, a satisfação de seus instintos: fome, sede, aconchego.

Em relação ao consumo, podemos observar a predominância do apelo ao id nos comerciais de bebidas alcoólicas, que estimulam quanto ao prazer de beber, sem alertar para conseqüências do hábito.

❖ **Superego.** No extremo oposto surge o superego. Ele abarca as normas e sanções sociais aprendidas pelo sujeito durante seu desenvolvimento. Essas regras e padrões advêm da educação recebida em casa, escola e, mais tarde, do meio social em que irá transitar. Ou seja, quanto mais rígida a educação ou cultura, mais rígido o superego será.

O consumidor 'recorre' ao superego quando define para si ou para seus familiares o que é certo e o que é errado.

❖ **Ego.** Como resolver essa disputa entre instinto (id) e razão (superego)? Para isso surge o ego, uma instância psíquica que funcionará como mediadora desse conflito.

O ego segue o princípio da realidade, do que é prazeroso, mas também permitido pela realidade: "Beba com moderação".

O ego estabelece uma solução de compromisso entre id e superego, algo que satisfaça os dois. Quanto mais bem estruturado for o ego, em conseqüência de uma boa educação e vida em sociedade, melhor ele suportará as constantes pressões das outras instâncias.

A propaganda que oferece ao ego essa solução de compromisso pode ter maior chance de sucesso.

5 Percepção e Aprendizado

Esta seção tem por objetivo explorar como as pessoas percebem os estímulos sensoriais, as diferenças na capacidade sensitiva do indivíduo e a elaboração psicológica que cada um faz, segundo sua experiência.

Veremos também como o indivíduo aprende a consumir, estudando as principais teorias de aprendizado.

5.1 Percepção

Antes de definirmos percepção, devemos entender o que são as sensações.

Sensações são as respostas diretas e indiretas a determinado estímulo simples, por meio dos órgãos sensoriais.

A *percepção* é o processo mediante o qual os indivíduos selecionam, organizam e interpretam estímulos para entender o mundo de forma coerente e com significado. Os estímulos são transmitidos ao cérebro, no qual ocorre a interpretação da sensação. Essa interpretação depende das experiências anteriores do indivíduo.

Analisando o processo decisório para determinadas compras, o mesmo produto, na realidade, pode ser percebido de maneira totalmente diferente.

Um taxista, ao examinar um carro, terá um critério totalmente distinto de um indivíduo que objetive comprar um automóvel para seu transporte individual.

Figura 1.6   Figura–fundo.

5.1.2   *Estímulos Perceptivos*

A percepção é o resultado de dois tipos de *inputs*, que atuam simultaneamente para formar as idéias pessoais:

a) Estímulos físicos – provenientes do meio externo;
b) Estímulos que provêm do próprio indivíduo, como certas predisposições genéticas, motivos ou aprendizagem baseados na experiência prévia.

5.1.3 Processo Perceptivo

Nem todos os estímulos que chegam mediante os sentidos são percebidos pelo indivíduo. Temos uma grande capacidade de selecionar, organizar e interpretar os estímulos com a finalidade de adaptar ou melhorar os níveis de compreensão.

O *processo perceptivo* ocorre em três etapas: seleção, organização e interpretação.

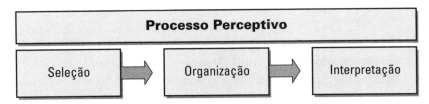

Figura 1.7 Processo perceptivo.

A *seleção* é a atenção voluntária ou involuntária que o indivíduo presta a determinado número de estímulos. A constante troca de canais usando o controle remoto, efeito *zapping*, é um exemplo do fenômeno de seleção. Graças à capacidade de selecionar os estímulos, o indivíduo tem o recurso de não ser bombardeado pelo número excessivo de estímulos aos quais está sujeito. Um casal realizando compras em um supermercado, durante uma hora, está exposto a aproximadamente 20 mil estímulos, sendo esses visuais, auditivos e olfativos.

A *organização* é o ordenamento dos estímulos selecionados e a atribuição do grau de importância de cada um.

Por fim, a *interpretação* é a atribuição de sentido ao conjunto de estímulos previamente organizados em uma série de categorias e classificações.

5.2 Aprendizado

Como aprendemos a consumir? O ser humano é o animal que apresenta o maior número de comportamentos aprendidos, diferentemente dos animais que dependem mais dos instintos para apresentar respostas.

Podemos definir o aprendizado como a linguagem de experiências do indivíduo, fruto das respostas modificadas. É o grupo de modificações de respostas que o consumidor sofre e que afeta sua tendência inata de reagir a diferentes estímulos.

A definição apresentada permite identificar a existência de duas possibilidades de reação diante dos estímulos: a *instintiva* e a *aprendida*.

- ❖ **Comportamento instintivo.** Todos os indivíduos apresentam reações instintivas, originárias de seu código genético; essas reações são físicas.

- ❖ **Comportamento aprendido.** Diferentemente das escolas de pensamento que dão maior importância ao comportamento instintivo, encontramos aquelas cuja teoria sustenta que o indivíduo terá suas características pessoais constituídas com base em experiências e no convívio social. O indivíduo, na sua essência, não é bom nem mau. O meio social é que vai determinar e influenciar seu comportamento.

  Por exemplo, determinado consumidor aprendeu na sua infância que após a refeição é gostoso saborear um café quentinho, passado na hora, em coador de pano. Então, diariamente, após sua refeição, quando sentir os estímulos próprios para tomar um gostoso café, a reposta comportamental será preparar um café, na hora, utilizando coador de pano.

5.2.1 Mensagem Subliminar

São os estímulos produzidos abaixo de um limiar de percepção, tanto auditivos como visual, produzindo efeitos na atividade física e mental. Por serem emitidos abaixo do limiar de consciência, não dão opção de escolha a quem os recebe.

Esta técnica, usada muitas vezes em propagandas e filmes, consiste em inserir uma imagem a cada 30 quadros por segundo, o mínimo que o olho humano precisa para ter noção de movimento.

Propaganda Subliminar – História

A propaganda subliminar, proibida em praticamente todo o mundo, ficou bastante conhecida quando, em 1956, em Nova Jersey, se realizou um experimento com 45.669 freqüentadores de um cinema da cidade. Um segundo projetor instalado no cinema projetava imagens numa velocidade de 1/3.000 de segundos, totalmente imperceptíveis de forma consciente aos olhos humanos. Foram projetados *slides* sobre a tela com as frases "Coma pipoca" e "Beba Coca-Cola", respectivamente, a cada cinco segundos, durante a exibição do filme *Picnic* (traduzido no Brasil por *Férias de Amor*). O experimento, que não foi divulgado aos espectadores, mostrou uma influência no comportamento de compra, aumentando em cerca de 58% o consumo de refrigerante e 18% o consumo de pipocas.

Esse experimento ficou conhecido como 'vicarista', uma vez que foi realizado pelo cientista Jim Vicary.

5.2.2 Teorias de Aprendizado

Existem diversas teorias, e muitas controvérsias, para explicar como se processa o aprendizado. As correntes mais conhecidas e utilizadas derivam da psicologia e da pedagogia, existindo duas grandes classificações que se dividem em: *associativa* e *cognitiva*.

5.2.2.1 Aprendizado associativo

a) Teoria de condicionamento clássico

O *condicionamento clássico* é a teoria mais conhecida, graças ao famoso experimento do fisiologista russo, Ivan Pavlov. Ela é fundamentada no princípio estímulo-resposta: se determinado estímulo for seguido por determinada resposta, aumentará a probabilidade de o estímulo conseguir a resposta.

Mais tarde, Skinner denominou a teoria de 'resposta condicionada' ou adquirida.

A escola associacionista acredita na existência de uma associação entre um estímulo e uma resposta quando os dois ocorrem de maneira conectada.

Experimento de Pavlov

Pavlov mostrava um pedaço de carne a um cachorro. Instintivamente, o animal salivava ao ver a comida. Depois, sempre que o cientista mostrava a comida, soava uma campainha, repetindo essa ação por diversas vezes. Por fim, Pavlov, sem mostrar o pedaço de carne, apenas tocava a campainha e, de imediato, o cachorro começava a salivar.

Em marketing, essa prática é muito utilizada sempre que uma propaganda apresenta uma situação prazerosa junto com determinado produto. Busca-se associar o estímulo não condicionado com o que se objetiva condicionar.

Nas estratégias de comunicação, a freqüência na repetição dos anúncios é observada exatamente pela teoria de associação e repetição.

Figura 1.8 Experimento de Pavlov.

b) **Teoria de condicionamento operante**

No *condicionamento operante*, associa-se uma recompensa ou castigo para obter determinado comportamento. A recompensa fará com que aumente a possibilidade de repetição do mesmo comportamento. Toda vez que a criança joga um brinquedo no chão, sua mãe diz que, se ela repetir tal gesto, será punida. Com isso, a mãe objetiva a não-repetição da ação, por meio do reforço negativo.

Um exemplo de reforço positivo pode ser percebido quando um fabricante de xampu, na comunicação, promete ao consumidor: "Utilize o novo xampu, e seu cabelo ficará muito mais brilhante e macio!" – caso o consumidor utilize o lançamento, terá uma recompensa.

Quando um indivíduo busca um produto em um supermercado e o encontra, existe um reforço positivo; ao precisar novamente do produto, ele provavelmente retornará.

Figura 1.9 Exemplo de condicionamento operante.

c) Teoria de aprendizagem por observação

O estudioso espanhol Albert Bandera concluiu que as pessoas aprendem comportamentos mediante a observação de um modelo (pais, amigos, propaganda). Nessa situação, o observador aprende antes de executar a conduta, sem nenhum reforço imediato.

O recurso de utilização de testemunhais em campanhas sociais de combate ao uso de drogas, em parte, é baseado neste princípio de aprendizagem. Nesse caso, aprende-se que o consumo de drogas é nocivo, pelo simples fato de que pessoas famosas e vencedoras não as consomem.

5.2.2.2 Aprendizado cognitivo

Teoria cognitiva

A teoria *cognitiva* se opõe às associacionistas. A aprendizagem deve-se a uma reorganização do campo cognitivo que permite a compreensão de um problema e sua solução, estruturando suas partes e percebendo-as como um todo.

Psicólogos da Gestalt (terapia de origem alemã, denominada no Brasil também de Psicologia da Boa Forma) negam a experiência como único fator de aprendizagem e visualizam o aprendizado como resultante de compreensão e percepção.

Em marketing, uma boa peça de comunicação é aquela em que o consumidor, ou público-alvo, compreende o conteúdo sobre o lançamento de um produto, aprende e conhece sobre esse produto, sendo compreendido e percebido como adequado à suas necessidades.

O aprendizado cognitivo advém da interpretação do que é percebido em comparação com o conhecimento armazenado, na busca da solução de um problema.

Ao optar por contratar um plano de previdência de uma instituição financeira presente no mercado há mais de cem anos, a percepção de risco do aplicador poderá ser reduzida: "Se a empresa está há tanto tempo no mercado... e até agora não quebrou!".

6 Atitudes

Esta seção tem como objetivo apresentar o conceito de atitude, quais as diferenças entre atitude e comportamento, qual a importância dessas diferenças para o processo decisório, como são formadas e como podemos modificá-las, e qual a importância da atitude frente a um determinado produto ou serviço analisando-se o processo decisório.

Muitas empresas esperam o comportamento de compra sem, contudo, identificar se existe ou não uma atitude estabelecida em relação ao produto oferecido ou ao serviço a ser prestado.

A enorme oferta de soluções disponível em nosso mercado, bem como a quantidade de lançamentos oferecida ao consumidor, reflete a importância de se desenvolver, antes de mais nada, a atitude em nosso público-alvo.

Podemos inicialmente entender por atitude a opinião que o consumidor tem em relação ao nosso produto ou serviço, o julgamento que faz sobre nossa empresa ou marca.

Definição: atitude é a predisposição à ação na intenção de compra. É a idéia que o consumidor tem a respeito de um produto ou serviço, se esse é bom ou não.

6.1 Componentes da Atitude

a) **Elemento cognitivo.** Faz referência às experiências passadas, às crenças do consumidor. Essas crenças derivam da aprendizagem cognitiva, representando o condicionamento que ele tem a respeito dos produtos e a avaliação que faz deste. Essas experiências podem ser fruto da vivência do próprio consumidor ou compartilhadas por membros de seu grupo de referência.

b) **Elemento afetivo.** Refere-se ao sentimento, às emoções ligadas ao objeto, formando um núcleo de emoção a favor ou contrário ao produto analisado. É a emoção que acompanha a idéia que tem o indivíduo sobre determinado produto, expressada no sentido de querer (amar) ou não esse objeto (odiar).

c) **Elemento comportamental.** É a predisposição à ação que resulta do valor afetivo atribuído ao objeto.

- *Predisposição*: é a tendência interna à ação, não sendo necessariamente consciente.

- *Intenção:* é a idéia consciente de realizar uma ação. Se o consumidor tem uma atitude negativa em relação a determinado produto, terá uma predisposição desfavorável a esse.

Atributos do produto	"Este automóvel apresenta sensores que facilitam a manobra." Elemento da atitude: ***Cognitivo***
Emoção e sentimento	"Viva este prazer.", "Uma nova sensação.", "Stilo. Ou você tem ou você não tem." Elemento da atitude: ***Afetivo***
Iniciando a ação	"Disponível em todas as lojas.", "Ligue já." Elemento da atitude: ***Comportamental***

6.2 Formação das Atitudes

A formação das atitudes é um processo de interação social no qual o indivíduo seleciona as mais compatíveis com a satisfação de suas necessidades; é algo que parte do todo, terminando no indivíduo. Na formação das atitudes, o consumidor tem a presente influência de grupos altamente representativos.

a) **Influência familiar.** A família é o primeiro grupo social ao qual a maior parte dos consumidores participa. Este grupo influencia na formação de seus valores e crenças iniciais; é a principal fonte de informação nos primeiros anos de vida. Durante seu desenvolvimento, a criança aprenderá e descobrirá, por meio de outros grupos influenciadores, novos valores e idéias, formando então suas próprias atitudes.

b) **Influência grupal.** Vimos no início deste trabalho a importância dos grupos sociais na influência das decisões de compra. O grupo ao qual está inserido o consumidor e o papel desempenhado por este, influenciará na formação de suas atitudes. No grupo, algumas atitudes serão recompensadas, e outras, punidas. É curioso observar que um mesmo indivíduo, por pertencer a diferentes grupos, poderá sofrer diferentes influências quanto à mesma atitude.

6.3 Função das Atitudes

No dia-a-dia, o consumidor tem de fazer escolhas, resolver problemas quanto a decisões de compra. Satisfazer essa necessidade, servindo como uma estrutura de apoio para a resolução dos problemas, é a principal função das atitudes. Ao recorrer a essa estrutura, suas respostas são mais rápidas e fáceis, apresentando um padrão no comportamento.

Caso o consumidor tenha uma atitude negativa em relação a determinada marca, essa situação estará presente até o momento em que a empresa entender o processo e trabalhar na busca de uma mudança dessa atitude.

6.3.1 Mudança de Atitude

O ambiente de mercado é extremamente dinâmico. Cabe aos profissionais a difícil tarefa de mudar uma atitude desfavorável ao seu produto. Porém, não necessariamente a mudança de atitude levará de imediato a uma mudança de comportamento. A mudança de atitude diante de determinada marca ou produto garante que o consumidor não mais terá uma posição negativa, sem, contudo, garantir uma ação no sentido de compra.

6.3.2 Aplicação Prática

As ações de *sampling* (distribuição de amostras) possibilitam aos consumidores o teste de novos produtos. Ao testar um produto, o consumidor tem sua opinião formada, ou seja, tem uma atitude em relação a ele.

Recentemente a FIAT trabalhou alguns atributos em seus veículos com o principal objetivo de mudar a atitude dos consumidores brasileiros. No Brasil, a empresa percebia um alto índice de rejeição há algumas décadas. Com o lançamento de carros de *design* moderno e preços acessíveis, a montadora começou a conquistar os jovens consumidores. O modelo Uno Mille, além de ser uma ótima opção devido ao custo acessível, apresentava uma mecânica menos problemática em relação aos modelos anteriores, como, por exemplo, o FIAT 147. Dessa forma, a empresa consolidou-se como uma importante opção de escolha do consumidor.

7 Processo Decisório

A decisão de compra envolve um conjunto de processos chamado de *tomada de decisão*. Durante essa fase, os componentes emocionais e racionais muitas vezes são conflitantes, levando a uma situação de estresse. De acordo com o envolvimento do consumidor, a decisão de compra será mais ou menos sentida.

Uma vez que os recursos financeiros e o poder de compra normalmente são limitados, a maior parte dos processos decisórios é percebida como problemáticas, pois a situação desejada é diferente da presente, existindo uma desconexão. O objeto de desejo, naquele momento, não pertence ao indivíduo.

O consumidor toma decisões diariamente com o propósito de alcançar objetivos. Ele busca sempre realizar a melhor escolha dentre as opções disponíveis na categoria avaliada. O comportamento humano tem como princípio buscar a segurança para realizar uma troca, em que se perceba a maximização dos ganhos, minimizando qualquer possibilidade de riscos.

O processo decisório constitui-se numa atividade construtiva. A cada nova decisão o consumidor sente-se mais seguro, mais capaz de avaliar a situação. No Brasil, independentemente da classe socioeconômica, percebe-se que o consumidor hoje conhece seus direitos. Ele é exigente, busca respeito e quer estar sempre satisfeito; desconfia de promoções, pesquisa e avalia os benefícios.

O modelo genérico de tomada de decisão indica os estágios pelos quais os consumidores passam quando tomam decisões. É essencial aos profissionais de marketing identificar o tipo de processo de decisão empregado pelo seu público-alvo.

7.1 Estágios da Tomada de Decisão

Durante muitos anos, o estudo do comportamento do consumidor esteve limitado a investigar como se dava a escolha da melhor alternativa para suprir sua necessidade, uma vez que o problema havia sido reconhecido e percebido.

Atualmente, o grande desafio das empresas é ter a segurança de que suas soluções, quando preferidas pelo consumidor, despertem a emoção favorável no momento de uso dos produtos; essa é a avaliação do pós-compra. O produto ou serviço satisfez a expectativa do consumidor? A emoção despertada foi positiva? O consumidor voltará a comprar este produto? A seguir, veja os cinco estágios relativos à tomada de decisão:

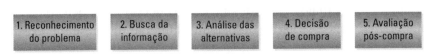

Figura 1.10 Processo decisório.

(1) Reconhecimento do Problema

É a diferença percebida entre a situação desejada e a situação presente. Nesta etapa do processo, o consumidor reconhece uma necessidade, estando disposto a despender um esforço para satisfazê-la.

A intensidade com a qual o problema é percebido varia de acordo com o envolvimento do consumidor.

(2) Busca de Informação/Solução

Após identificar a situação de desconforto gerada pelo reconhecimento do problema, o consumidor inicia a busca pela melhor solução capaz de resolver a condição percebida.

Nesse momento, a busca por informações tem início. Novos dados serão coletados, sendo esses normalmente comparados com os armazenados na memória do consumidor.

As fontes de informação normalmente utilizadas são:

❖ Pessoais – Informações obtidas com os membros pertencentes ao grupo de referência;

❖ Veículos de Informação – Mídia, principalmente a especializada;

❖ Ponto-de-venda – Informações coletadas na loja que comercializa o produto.

Este estágio, especialmente para o prestador de serviços, é fundamental e muitas vezes crítico. Em razão das características que diferenciam produtos de serviços, a referência de consumidores e clientes que já utilizaram as soluções de determinada empresa exerce um peso bastante significativo neste momento do processo.

De acordo com o envolvimento do consumidor, a busca por informações será mais ou menos específica. Para situações de compra em que existe baixo envolvimento, como, por exemplo, a compra de pães para o lanche da tarde, ela estará baseada nas experiências anteriores. Na compra de bens duráveis, normalmente a pesquisa e a coleta de dados exigirão um maior esforço.

(3) Avaliação

Pesquisadas as informações necessárias, o consumidor terá nesse momento a tarefa de avaliar as alternativas disponíveis. Na maior parte dos segmentos de mercado, o consumidor brasileiro encontra uma variedade de alternativas, o que pode, em certos casos, retardar sua escolha.

Atento à importância deste estágio, o varejo brasileiro vem se adaptando às exigências do consumidor, facilitando a avaliação e o teste de produtos no ponto-de-venda.

Certos produtos, de difícil análise, exigem criatividade para oferecer alguma possibilidade de comparação. Novamente neste estágio, o prestador de serviços vê seu desafio redobrado. Como permitir a avaliação de algo que somente estará à disposição do consumidor após sua compra?

(4) Escolha

Avaliadas e comparadas as alternativas, é chegado o momento da escolha – o difícil momento, sob a ótica de muitos consumidores, de optar pela melhor solução encontrada.

Sabendo da dificuldade a ser superada pelo consumidor, muitos varejistas usam a estratégia de tentar seduzir o comprador com mais de uma opção:

"Qual sapato comprarei?", "Levo o preto ou o marrom?", "O modelo maior ou o menor?".

No momento em que o consumidor finalmente toma sua decisão de compra, cabe ao vendedor minimizar qualquer percepção de risco, validando todo o esforço despendido durante o processo e valorizando a conquista realizada.

Muitas vezes, a empresa entende que neste estágio a batalha foi vencida, a preferência foi conquistada, cabendo agora focar todo o esforço na obtenção do próximo cliente.

Após a escolha, entra-se no último estágio, o mais importante de todo o ciclo.

(5) Avaliação Pós-compra

No momento de uso do produto escolhido é que o consumidor terá sua preferência validada. Neste estágio, efetivamente ocorrerá a satisfação ou não quanto à escolha feita.

Neste momento, o consumidor pode ter dúvidas quanto ao uso do produto adquirido, sentir dificuldade no manuseio do equipamento e, então, resolver fazer contato com a empresa. Em algumas situações, percebe-se uma desconexão com todo o esforço anterior. O telefone do serviço de atendimento ao cliente não responde, não existe pronto atendimento e, conseqüentemente, o cliente começa a perceber que sua escolha talvez tenha sido equivocada.

Recomenda-se às empresas que haja, sobretudo, um esforço especial voltado a este momento no processo, no qual o consumidor estará sentindo o prazer ou a frustração pela sua preferência.

7.2 Perspectivas de Pesquisa

Até meados da década de 70, pesquisadores acreditavam que as pessoas moviam-se linearmente no processo de tomada de decisão, reconhecendo um problema e, então, iniciando a busca de soluções, a avaliação das alternativas e posteriormente a escolha.

No final dos anos 70, alguns autores começaram a questionar essa estrutura, sugerindo que em muitas circunstâncias os consumidores talvez não adotem nenhum processo de tomada de decisão antes de efetuar a compra.

As limitações do processo tradicional ofereceram aos pesquisadores uma oportunidade de propor modelos alternativos, incluindo diferentes tipos de ênfase em cada um dos estágios identificados no fluxograma genérico.

7.2.1 Perspectiva Tradicional

Esta perspectiva enfatiza a abordagem racional do processo decisório. Os consumidores passam de maneira linear por todos os estágios de decisão.

Em processos de baixo envolvimento, emocional ou intelectual, pode ocorrer a tomada de decisão limitada, na qual o estágio de busca de informação é reduzido.

Considerando uma mulher que identifica, ao se olhar no espelho, o avanço de sua idade com o aparecimento de algumas rugas e, assim, decide pela realização de cirurgia plástica, ela tem o reconhecimento de um problema. A partir da identificação, essa mesma mulher iniciará a busca de informações para avaliar o melhor profissional para uma cirurgia plástica. Nesse momento, o estudo estava voltado à compreensão de como as informações eram coletadas e comparadas até a escolha do melhor serviço.

7.2.2 Perspectiva Experimental

A perspectiva experimental reconhece que os consumidores pensam e sentem, ou seja, eles consomem muitos tipos de produtos e serviços pelas sensações, sentimentos, imagens e emoções que geram.

Sob esta perspectiva, o estágio de reconhecimento do problema resulta na percepção de que há uma diferença entre o estado afetivo real e o desejado – a situação presente difere da situação desejada.

Retomando o exemplo da mulher que busca o cirurgião plástico, nesse momento, o estudo estaria voltado à identificação, ao final do serviço contratado, do sentimento, a emoção despertada na consumidora. Considerando que ela tinha como objetivo 'esconder' as marcas da idade, após a realização da plástica, como essa mulher se sente? Parece mais jovem, está mais feliz?

7.2.3 Perspectiva da Influência Comportamental

Sob esta perspectiva, identifica-se a influência do ambiente físico como indutor no comportamento do consumidor. Percebemos o uso de texturas, aroma no ambiente e a luminosidade como recursos para criar uma atmosfera que gere nos consumidores a resposta desejada.

O grande número de mulheres que busca aumentar o volume de seus seios pode ser explicado pela influência da mídia, dos grupos de referência, por meio de modelos estereotipados que foram concebidos quanto à mulher ideal. Qual o problema que essas consumidoras identificaram? Parecer-se com o padrão de referência criado e válido para o momento.

Podemos entender que a maior parte dos processos decisórios analisados denota a influência da perspectiva tradicional, sob uma análise mais racional por parte do consumidor, bem como a influência das emoções, o sentimento gerado por determinada marca ou produto e também a influencia do ambiente físico.

8 Teoria da Observação

O antropólogo norte-americano Pacco Underhill revolucionou parte do mercado americano ao propor a adoção de algumas técnicas de gestão no varejo, tendo na essência dos conceitos apresentados a observação e interação do consumidor com o ambiente, com o produto e as pessoas no ponto-de-venda.

A teoria da observação proposta pelo pesquisador sugere uma quebra de paradigma, fazendo com que o profissional de marketing deixe sua área de conforto, dedicando parte de seu tempo à análise e observação do público-alvo.

Quantas vezes fomos às lojas, entramos, esperamos longos segundos, às vezes minutos, por um atendente. Cansados de esperar, silenciosamente vamos embora. Ou entramos na loja com a intenção de compra ou para buscar informações, e saímos sem sermos atendidos, sem ao menos sermos notados. Essa venda perdida não estará registrada no final do mês nos resultados da empresa.

8.1 Área de Entrada

Algumas lojas apresentam logo na entrada uma área de adaptação, onde os consumidores não se sentem ainda na loja. Conscientemente é como se ainda não estivessem no ambiente de vendas. Nesse momento, o consumidor, inconscientemente está buscando uma adaptação.

A área de adaptação, quando existe, é um local que deve ser trabalhado para oferecer um acolhimento ao visitante, um local para descompressão.

Muitas vezes, percebemos que os varejistas colocam cestas de compras, *displays* com ofertas ou sinalizações que não serão provavelmente notadas.

8.2 Taxa de Conversão

A *taxa de conversão* é um importante indicativo que pode auxiliar a empresa na avaliação do desempenho de suas vendas, a efetividade de suas promoções, medindo a relação dos clientes que entram e os que compram:

taxa de conversão = clientes que entram / clientes que compram (%)

Uma loja de artigos indianos, presente na maioria dos shoppings de São Paulo, oferece a todos os visitantes uma maçã. Esse simpático gesto, além de surpreender o cliente, indica o número de visitantes, a quantidade de clientes que entram na loja. Analisando o tíquete do caixa, a empresa sabe quantos desses clientes compraram, assim como qual foi o valor médio de compra. O mercado oferece aos interessados uma solução mais precisa. Algumas antenas antifurto são dotadas de sensores infravermelhos que registram a quantidade de clientes que entram na loja, lançando a valiosa informação imediatamente ao software instalado no caixa.

Não existe uma taxa de referência, padrão para cada segmento de mercado. A *taxa de conversão* servirá de referência para o acompanhamento do desempenho de determinada empresa.

8.3 Tempo de Permanência

Considerando o processo de tomada de decisão, o comprador quando está no ponto-de-venda busca informações, tira dúvidas, testa as alternativas para realizar sua escolha. Todo esse envolvimento demanda um maior tempo de permanência na loja. Assim, percebemos a importância de observar o papel do acompanhante no processo. As análises realizadas no varejo apontam para um grande número de acompanhantes que abreviam o tempo de permanência dos consumidores, interrompendo sua análise e decisão.

Os shoppings há muito perceberam a importância do acompanhante. Os fraldários, além de agregar valor ao serviço oferecido, permite aos pais que troquem a fralda de seus filhos, sem deixar suas dependências.

8.4 Interceptação

Em marketing, principalmente no marketing de serviços, o papel desempenhado pelas pessoas é cada vez mais reconhecido. Sabe-se que o fator humano pode fazer a diferença na experiência de maneira positiva ou negativa.

Os estudos realizados mostram uma relação direta do contato do cliente com os vendedores e a média de vendas. Considerando o estágio de busca de informações, o consumidor precisará, em algum momento, realizar esse contato. Devemos, porém, respeitar o momento adequado de fazer ou estimular a interação. Percebemos que, muitas vezes, por falta de orientação, os atendentes coagem o consumidor, desperdiçando uma grande oportunidade. O brasileiro preserva na sua essência o contato pessoal. Os principais bancos de massa partiram para uma estratégia de personalização de seu atendimento compartilhando a carteira de clientes e oferecendo a esses uma proposta individual, em que a figura do gerente de contas é retomada.

8.5 Acesso aos Produtos

O gerenciamento de exposição dos produtos num ponto-de-venda pode influenciar no sucesso ou fracasso deles. Nem tudo o que é exposto pode ser capturado pelo consumidor. Temos um campo visual adequado e nele uma área de conforto para acessar as soluções expostas numa loja. Alguns produtos, totalmente fora do alcance do *target*, terão seu resultado de vendas prejudicado.

A observação deste conceito é tão importante que algumas das principais redes supermercadistas utilizam um software no auxílio do gerenciamento de exposição, mediante algumas variáveis informadas.

9 Referências Bibliográficas

BLACKWELL, Roger D. *Comportamento do consumidor*. Rio de Janeiro: LTC, 2000.

BLESSA, R. *Merchandising no ponto de venda*. São Paulo: Atlas, 2003.

CUEVA, Rolando Arellano. *Comportamiento del consumidor*. México: McGraw-Hill, 2002.

GADE, Christiane. *Psciologia do consumidor e da propaganda*. São Paulo: EPU, 1998.

MOWEN, John C. *Comportamento do consumidor*. São Paulo: Prentice Hall, 2003.

POPCORN, Faith; MARIGOLD, Lys. *Público-alvo*: mulher. Rio de Janeiro: Campus, 2000.

RICHERS, Raimar. *Marketing: uma visão brasileira*. São Paulo: Negócio, 2000.

SHETH, Jagdish N. *Comportamento do cliente:* indo além do comportamento do consumidor. São Paulo: Atlas, 2001.

SOLOMON, Michael R. *O Comportamento do consumidor:* comprando, possuindo e sendo. Porto Alegre: Bookman, 2002.

Capítulo 2
Marketing Business to Consumer

Maria Cristina de Araújo Proença

Doutoranda da FEA/USP (Administração/Marketing).
Mestre e Bacharel em Administração de Empresas pela FGV.

Consultora de Negócios com foco em marketing, varejo e franchising, em projetos de consultoria, treinamento e palestras.

Experiência na gerência e direção de Marketing em empresas como Procter&Gamble e rede de academias Runner e Reebok Sports Club SP.

Professora da disciplina *Business to Consumer* para os cursos de pós-graduação de Marketing da FAAP.

Dedicatória

Dedico este capítulo a todos aqueles com quem mais aprendo: meus alunos.

1 Introdução

A disciplina *Marketing Business to Consumer* aborda as estratégias de marketing de negócios direcionados ao consumidor final, ou seja, negócios varejistas. A abrangência do tema e as possibilidades de tratamento e enfoques são tantas que a proposta de participar de um livro torna-se um desafio estimulante e fascinante.

O objetivo deste capítulo é apresentar um panorama geral sobre o varejo, sob a ótica do marketing, e seus principais conceitos e aspectos da realidade do setor no Brasil e no mundo.

Varejo e Clientes

Não há pretensão de esgotar os temas aqui, e, sim, proporcionar uma visão atual das técnicas e práticas de gestão em marketing no varejo. Vale tecer algumas considerações iniciais:

❖ O varejo é uma atividade multidisciplinar que envolve as mais diversas áreas de estudo. Nesta parte, o foco será o marketing de varejo, porém, a maioria das questões abordadas sob o guarda-chuva do marketing remete a questões relativas a outras áreas. Tomemos como exemplo a definição do *mix* de produtos de determinado varejista. É impossível examinarmos o tema por completo sem falar de gerenciamento por categorias, técnica cada vez mais empregada na eficiente gestão de produtos, e que nos leva a questões como tecnologia da informação, por exemplo, que não será discutida com detalhes no texto.

❖ Como você perceberá ao longo da leitura, cada uma das seções poderia consistir em um livro inteiro. Os assuntos são bastante ricos e levam a vários exemplos interessantes, enriquecedores e ilustrativos. Mesmo quem não trabalha no varejo está fortemente envolvido com ele, afinal, todos somos consumidores! Serão apresentados inúmeros exemplos, sem, entretanto, a pretensão de esgotar os temas analisados.

❖ O varejo consiste em uma atividade muito dinâmica e diversa, com várias realidades. O varejo de supermercados, por exemplo, tem características absolutamente diversas do varejo de material de construção, que por sua vez é completamente diferente do varejo de moda... Cada um tem as suas peculiaridades e requer conhecimentos específicos para oferecer uma gestão eficiente e inovadora. Há que se considerar ainda as variações de realidade entre o pequeno, o médio e o grande varejo: as estratégias competitivas são absolutamente diferentes, muito embora devam ser levadas em consideração pelos vários *players* de um mesmo mercado. Procuraremos equilibrar, ao longo do texto, exemplos que contemplem essa diversidade.

Partindo dessas considerações, é objetivo deste capítulo atrair a atenção do leitor para esse setor que cresce em termos de importância, de participação no mercado de trabalho e de relevância para o consumidor – esse setor que necessita de profissionais cada vez mais sérios, capacitados, criativos e apaixonados pelo que fazem.

2 Panorama do Varejo no Brasil e no Mundo

O varejo é uma atividade que vem conquistando cada vez mais espaço e importância na economia nacional; uma instituição econômica significativa representando cerca de 10% do PIB, sendo assim um grande negócio para a sociedade.

Antes relegado a segundo plano na escolha profissional de formandos das mais diversas faculdades, hoje o varejo vem ganhando atenção e preferência enquanto opção no mercado de trabalho. Essa tendência reflete a demanda crescente por mão-de-obra qualificada e conhecedora das particularidades de um setor que exige profissionalismo, criatividade e dinamismo no processo gerencial, representando um grande desafio aos executivos.

Mas, afinal, como podemos conceituar o varejo? Segundo Parente (2000),

> [...] varejo consiste em todas as atividades que englobam o processo de venda de produtos e serviços para atender a uma necessidade pessoal do consumidor final. O varejista é qualquer instituição cuja atividade principal consiste no varejo, isto é, na venda de produtos e serviços para o consumidor final.

Portanto, muito embora a palavra varejo esteja relacionada à operação de lojas, muitas operações varejistas podem se dar sem a existência de lojas físicas, como pela Internet, por exemplo. Na verdade, as atividades mais relacionadas ao varejo são compras em supermercado, shopping centers ou lojas de maneira geral. Mas situações como uma refeição em um *fast-food*, uma ida ao cabeleireiro, a compra em uma *vending machine* ou mesmo pela venda direta são tipicamente varejistas, já que atendem diretamente ao consumidor final.

O que varia nestes exemplos é o grau de serviço envolvido na operação. Quanto maior a participação do serviço no produto entregue – um corte de cabelo, por exemplo – mais o varejo está relacionado ao varejo de serviços. Nos exemplos, varia também o canal de entrega do produto ou serviço. Canais alternativos como a Internet contribuem para a valorização da atividade varejista como um todo.

A convenção anual da National Retail Federation (NRF), evento conhecido por apresentar as tendências que afetarão o varejo em todo o mundo, em 2004, teve como tema *Everything's Retail* (Tudo É Varejo), o que pode dar uma idéia da variedade de temas abordados e da crescente complexidade de questões pertinentes ao setor.

Entre os aspectos apresentados no evento e as principais tendências verificadas no cenário nacional, destacam-se os seguintes pontos:

(1) *Tecnologia no varejo* – A crescente necessidade de conhecimento do consumidor e do ganho de eficiência nas operações transforma a tecnologia em uma obrigação do varejo, em toda a cadeia produtiva, a fim de garantir a informação de forma precisa e ágil.

(2) *Crescente diversidade* – Com os consumidores cada vez mais fragmentados, como conseqüência de uma profunda mudança demográfica e nos padrões de atitudes e comportamentos, os varejistas passarão a atender microssegmentos, ganhando importância a especialização em nicho(s) de mercado. Crescem as lojas ultraespecializadas, como aquela que vende uma linha de cosméticos para o bem-estar emocional por meio da aromacolorterapia.

(3) *Acesso à informação* – Aumentará ainda mais o poder dos consumidores em virtude do maior acesso à informação em tempo real. Na hora da compra, por exemplo, os clientes poderão ser informados se há oferta de uma marca concorrente na loja e quais os comentários de outros compradores sobre a qualidade do produto.

(4) *Megavarejistas sem fronteiras* – Varejistas globais se espalharão rapidamente pelos quatro cantos do planeta, forçando seus concorrentes locais a estabelecer propostas de valor extremamente diferenciadas para sobreviver. No Brasil, esta realidade já pode ser verificada nos mais diversos setores varejistas, como supermercados e lojas de material de construção.

(5) *O meio será espremido* – Crescerão os segmentos de luxo e popular, deixando em dificuldades marcas indiferenciadas ou empresas que atuam no segmento intermediário de cada categoria. Muitas vezes, um mesmo cliente comprará uma marca barata de uma categoria de produto pouco relevante para poder consumir uma mais cara de outro tipo de produto.

Marketing Business to Consumer

(6) *A tecnologia, uma questão cultural* – Muito embora a tecnologia ganhe papel fundamental enquanto diferencial competitivo, com líderes inovadores utilizando tecnologias avançadas para acelerar a criação de valor para os clientes e derrotar seus concorrentes, no Brasil há que se trabalhar para conquistar a confiança e a preferência de consumidores idosos, com o crescente envelhecimento da população e das classes econômicas de menor poder aquisitivo.

Na análise do setor varejista, especificamente no território brasileiro, muitas batalhas estão sendo travadas, independentemente do porte considerado. Tome-se como exemplo o pequeno varejo. Estudo do Sebrae revela que a média de abertura de novos negócios por ano é de 123 mil novas empresas, sendo 64% no comércio, 27% em serviços e apenas 9% na indústria – uma média de 78.720 novas empresas varejistas por ano, sem contar as da área de serviços! O resultado? Estima-se que só a cidade de São Paulo abrigue mais de 4.500 bancas de jornais, 4 mil padarias e 33 mil táxis! Os números estão na pirâmide da Figura 2.1 apresentada a seguir. Haja consumidor para disputar! Se antes as lavanderias a seco eram uma novidade, hoje cada consumidor tem *n* opções ao lado de sua casa!

Fonte: Geografia de Mercado / Estudos Empresariais Ltda., 2004.

Figura 2.1   Exemplos de varejo e serviços em São Paulo.

Uma outra batalha é travada entre varejo e indústria, principalmente em setores em que a concentração de mercado – poucas empresas com grande participação de mercado – é forte. O exemplo mais claro é o do setor de supermercados, no qual as cinco maiores empresas dominam cerca de 40% das vendas varejistas e tem de negociar com empresas que detêm a grande maioria do mercado em suas categorias, como é o caso da Nestlé, com chocolates, ou da Ambev, com cervejas. As negociações são verdadeiras quedas-de-braço para definir quem consegue melhores condições comerciais, prazos de entrega e de pagamento.

Pela proximidade com o consumidor, o varejo vem ganhando pontos nesta guerra. Afinal, conhecer em detalhes este 'ser' é o maior diferencial que uma empresa pode ter na atualidade. Porém, a expectativa é que ambos – indústria e varejo – percebam que podem lucrar mais trabalhando de forma conjunta e em parceria. O que, em muitos casos, ainda parece um sonho para o futuro.

3 Gestão Estratégica no Varejo

O varejo, enquanto um conjunto de atividades de negócios que adiciona valor a produtos e serviços vendidos a consumidores para o seu uso pessoal e familiar, é uma função econômica multidisciplinar. A gestão estratégica no varejo abrange um conjunto de variáveis tangíveis e intangíveis que representa o valor de um varejo e o seu posicionamento estratégico. Essas variáveis são:

1. O tipo e a variedade dos *produtos* vendidos.
2. O *preço* dos produtos.
3. O lugar – *praça* – escolhido para a exploração dos negócios.
4. O tipo de comunicação – *promoção* – utilizada para a comercialização.
5. A ambientação da loja – *ponto-de-venda*.
6. O nível de atendimento – *pessoas* – aos clientes.

Uma rápida análise das variáveis nos remete rapidamente aos quatro Ps de marketing, produto, preço, praça e promoção, que serão abordados a seguir sob a ótica de gestão no varejo.

Acrescentam-se ainda dois importantes Ps ao tradicional marketing *mix*: o *p* de ponto-de-venda, que corresponde à ambientação da loja ou do ponto de contato com os consumidores, e o *p* de pessoas. Questões relativas ao ponto-de-venda serão abordadas neste capítulo e no intitulado *Comportamento do Consumidor*, enquanto aspectos referentes à gestão de pessoas serão enfatizados no capítulo sobre *Gestão da Qualidade*.

Vale ressaltar que ainda fazem parte do escopo de variáveis de decisão de um executivo no varejo três elementos importantes, e que serão incorporados em exemplos apresentados ao longo do texto: os fornecedores, o sistema de logística e os sistemas operacionais.

3.1 Segmentação

Antes de tomar as decisões relativas ao gerenciamento das variáveis do marketing *mix* de varejo, o executivo varejista deve, em primeiro lugar, definir os segmentos de mercado que pretende atender e o posicionamento de mercado desejado, a fim de oferecer um composto de varejo similar criado para satisfazer as necessidades de um segmento específico de clientes. O consumidor é, portanto, o foco de atenção de toda a estratégia de marketing da empresa.

Figura 2.2   Composto de marketing.

Segmento de mercado é um grupo de clientes cujas necessidades são satisfeitas por meio do mesmo composto mercadológico, pois possuem necessidades semelhantes e passam por processos de compra similares. Por exemplo, famílias que viajam em férias têm necessidades diferentes dos executivos que viajam a trabalho. Portanto, uma rede como a ACCOR oferece hotéis com diferentes compostos de varejo para cada um desses segmentos. Enquanto para o primeiro grupo espera-se que o hotel forneça um atencioso serviço de monitoria para crianças, no segundo, a expectativa é de comodidade, conforto e conveniência.

Empresas varejistas que não definem com clareza os segmentos de mercado que pretendem atender correm o risco de tornar sua estratégia confusa e desfocada. Como exemplo desse tipo de problema, pode-se citar as lojas de departamento, que, com o tempo, passaram a oferecer uma variedade de produtos tão ampla a um público tão heterogêneo que perderam eficiência e eficácia nas suas políticas gerenciais, sejam elas relativas à cadeia de fornecimento, por intermédio de um elevado poder de barganha e proximidade do fornecedor, sejam elas relativas à estratégia de comunicação dirigida ao público-alvo de interesse.

Nesse sentido, as empresas que sofrem da 'síndrome do quero-tudo', ou seja, pretendem atender a todo e qualquer tipo de consumidor, perdem espaço no cenário atual. Em um mundo com consumidores cada vez mais exigentes e disputados, tendem a vencer aquelas que personalizam e customizam suas ofertas da maneira mais individualizada possível.

Muitas empresas varejistas apresentam mais de uma marca para atender os diferentes segmentos de mercado, tendo como objetivo a criação e a manutenção de uma identidade específica para cada uma delas, como o Grupo Pão de Açúcar, que trabalha de forma diferenciada com as bandeiras:

Pão de Açúcar: Supermercado de vizinhança, bastante forte em serviços e com um alto padrão de modernidade. Foca as classes A e B, e apresenta um tíquete médio de R$ 18,50* (abr. 2003**).

Extra: Hipermercado com grande variedade de produtos. Trabalha com marketing de massa, e apresenta tíquete médio de R$ 37,00.

Compre Bem: Loja de desconto, com um ambiente simples e com grande ênfase em produtos de marca própria. Foco nas classes C e D, apresenta tíquete médio de R$ 13,04.

Eletro: Rede de eletroeletrônicos – hoje Extra Eletro.

* Fonte: site Pão de Açúcar

** Fonte: Jornal *O Estado de S. Paulo. Classes C e D são o alvo do Barateiro, enquanto o Carrefour mira A e B.* Caderno de Economia, abr. 2003.

Outros varejistas optam por manter a mesma marca para quaisquer segmentos, a fim de otimizar seus esforços de marketing. Assim, o McDonald's trabalha com a mesma marca no Shopping Iguatemi (público A) e no Aricanduva (público C).

3.2 Posicionamento de Mercado

Definidos os segmentos de mercado que se pretende atender, é preciso estabecer o posicionamento desejado pela empresa. Basicamente, o posicionamento vai dizer como a empresa varejista pretende ser lembrada pelo consumidor:

❖ A mais barata?

❖ A mais agradável?

❖ A que oferece melhor atendimento?

❖ A mais próxima e conveniente?

Da mesma maneira que uma empresa não deve querer atender a todos os consumidores, ela não deve também querer ser a melhor em todos os atributos esperados pelo público em geral. É no mínimo improvável que uma loja seja a mais barata e ofereça o melhor atendimento.

Como definir, então, o posicionamento adequado para a empresa? O ideal é que se descubra qual o benefício mais importante para o consumidor-alvo para aquele determinado processo de compra. Por exemplo, uma loja de conveniência tem a grande vantagem de oferecer conveniência, ou seja, estar localizada em pontos seguros, de fácil acesso, com estacionamento e um horário flexível de atendimento. Porém, não se pode esperar que ela tenha preços baixos, em função inclusive de suas características e conseqüentes custos operacionais.

Para auxiliar nessa tomada de decisão, o varejista pode-se valer de uma análise bidimensional de variáveis e atributos que sejam importantes para o seu público-alvo. Por exemplo, pode-se optar entre um alto nível de serviços e preços superiores à média de mercado, ou focar sua estratégia na redução de preços, porém à custa do nível de serviço, como apresentado no gráfico a seguir:

Figura 2.3 Matriz de posicionamento (PARENTE, 2000).

Um varejista na área de alimentos, por exemplo, pode oferecer um empório com produtos sofisticados e importados, com alto nível de serviços e preços acima de mercado (quadrante 2), ou pode optar por oferecer um mercado com produtos de necessidade básica, com o mínimo necessário de serviços, e situar-se no quadrante 3. Estratégias com pouca probabilidade de sucesso são as localizadas no quadrante 1, com alto nível de serviços e preços baixos, comprometendo a rentabilidade do negócio, ou aquelas inseridas no quadrante 4, em que mesmo com um baixo nível de serviços cobra-se um preço elevado.

A chave para o sucesso na análise das duas variáveis do exemplo, preço *versus* serviços, é compreender os serviços que o consumidor-alvo efetivamente valorize, para que aceite pagar mais por eles. De nada adianta oferecer atendimento 24 horas, por exemplo, que encarece substancialmente a operação, se o público em questão realizar suas compras predominantemente durante o período diurno. Esse é um ótimo caso de diferencial com vazio de significado para o consumidor, ou seja, um diferencial que nada agrega ao produto ou serviço oferecidos e que, portanto, não gera vantagem competitiva.

Mas o que é, afinal, vantagem competitiva?

Uma definição simples, mas precisa, de vantagem competitiva é:

Eu Tenho, Você Não Tem, e Vai Demorar para Ter!

Ou seja, algo que o meu consumidor valorize, que o meu negócio tenha, que os meus concorrentes não tenham, e que vão demorar para ter. Um *fast-food* como o McDonald's, com mais de 30 mil unidades no mundo, operando pelo sistema de franquias e cobrando o fundo de propaganda dos franqueados, possui uma verba de marketing que possibilita investimentos elevados em mídias de massa, algo impraticável para lanchonetes com apenas uma loja ou para redes de pequeno porte.

A força da imagem da marca pode ser verificada na preferência do público adolescente e na segurança que os pais têm de o gigante do *fast-food* não vender, por exemplo, bebidas alcoólicas em suas lojas.

4 Composto do Marketing *Mix* de Varejo

Tendo em vista a definição estratégica da segmentação e do posicionamento da empresa, o próximo passo é tomar as decisões relativas ao *marketing mix* da empresa, exploradas nas subseções a seguir.

4.1 *Mix* de Produtos e Serviços e Diferenciação

"A melhor maneira de manter os clientes é descobrir constantemente como dar a eles mais por menos."

A composição do Mix

O *mix* de produtos e serviços de um negócio é, sem dúvida, uma das mais importantes decisões no contexto varejista. Muitos negócios têm início com um *mix* bastante reduzido e, aos poucos, vários itens ou categorias são agregados para satisfazer as necessidades complementares dos consumidores e para maximizar a rentabilidade do negócio. Além disso, o processo de diferenciação e de identidade da marca principia pelo *mix* que o varejo oferece ao consumidor.

A maior parte dos varejistas procura oferecer produtos que atendam às necessidades de seu público-alvo e as complementem, de maneira que otimizem cada compra realizada. Ao mesmo tempo, é importante que o *mix* mantenha-se fiel à proposta de posicionamento do negócio, pois algo muito amplo pode fazer com que a imagem do varejista torne-se confusa ou que ele perca a identidade. Exemplo comum é o do *fast-food* que inicia suas operações com uma proposta bastante especializada – por exemplo, comida árabe – e, a partir de sua expansão, passa a oferecer um *mix* muito amplo, incluindo pizza, hambúrguer e fritas, a fim de atrair um público maior.

Essa estratégia pode ser bem-sucedida se o varejista conseguir manter sua imagem inicial e/ou desejada. No caso do *fast-food* árabe, se pensarmos em Habib's, continuamos identificando a rede com esfiha e comida árabe, muito embora ela ofereça um *mix* bastante diversificado.

Amplitude e profundidade

Seguindo o exemplo do *fast-food* árabe, quando um varejista é muito especializado – por exemplo, uma loja que venda exclusivamente esfihas –, pode-se dizer que trabalha com pequena amplitude e grande profundidade, ou seja, apesar de o consumidor encontrar apenas esse tipo de produto na loja, ele tem inúmeras opções de sabores, formatos, composições de massa etc. Já o Habib's trabalha com uma grande amplitude e pequena profundidade, pois oferece inúmeros tipos de lanches/refeições, mas poucas opções dentro de cada um.

O conceito de amplitude e profundidade também é mostrado no caso da C&C, apresentado na figura a seguir:

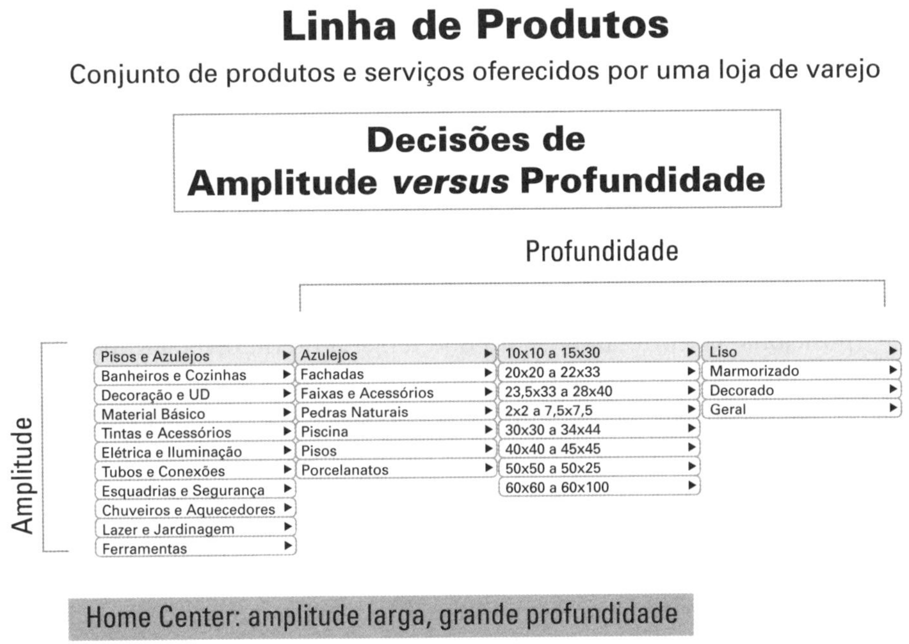

Linha de Produtos

Conjunto de produtos e serviços oferecidos por uma loja de varejo

Decisões de Amplitude *versus* Profundidade

Profundidade

Amplitude			
Pisos e Azulejos ▶	Azulejos ▶	10x10 a 15x30 ▶	Liso ▶
Banheiros e Cozinhas ▶	Fachadas ▶	20x20 a 22x33 ▶	Marmorizado ▶
Decoração e UD ▶	Faixas e Acessórios ▶	23,5x33 a 28x40 ▶	Decorado ▶
Material Básico ▶	Pedras Naturais ▶	2x2 a 7,5x7,5 ▶	Geral ▶
Tintas e Acessórios ▶	Piscina ▶	30x30 a 34x44 ▶	
Elétrica e Iluminação ▶	Pisos ▶	40x40 a 45x45 ▶	
Tubos e Conexões ▶	Porcelanatos ▶	50x50 a 50x25 ▶	
Esquadrias e Segurança ▶		60x60 a 60x100 ▶	
Chuveiros e Aquecedores ▶			
Lazer e Jardinagem ▶			
Ferramentas ▶			

Home Center: amplitude larga, grande profundidade

Fonte: site C&C.

Figura 2.4   Conceitos de amplitude e profundidade.

Papéis das categorias de produtos

Esta classificação torna-se ainda mais importante quando consideramos uma prática cada vez mais comum do gerenciamento por categorias. Mas o que vem a ser uma categoria?

Para fins de gerenciamento, é um grupo distinto e gerenciável de produtos e serviços que os clientes percebem como inter-relacionados e/ou substituíveis na satisfação de suas necessidades. Em uma loja de material de construção, um exemplo seria a cerâmica e os itens correlatos.

Via de regra, porém, é interessante realizar uma classificação estratégica dos itens que compõem o *mix*; por meio dela, poderão ser gerenciadas todas as outras decisões referentes ao composto de marketing *mix* do varejo, conforme descrito a seguir e com exemplificação do ramo de supermercados:

Dominantes (destino) – São produtos que possuem como característica uma grande variedade, igual ou superior à média do mercado, e o varejista busca uma notoriedade e um reconhecimento por parte dos consumidores, no sentido de que sua oferta de variedade de produtos é a melhor do mercado. Além disso, são produtos que têm a característica ímpar de atrair os consumidores às lojas. *Exemplo:* frutas, verduras e legumes.

Competitivas (tráfego) – São produtos que possuem como característica uma variedade igual à média do mercado, e o varejista posiciona-se 'corretamente' no que tange à oferta diversificada de produtos. São artigos que também têm a característica de atrair os consumidores às lojas em razão da necessidade e periodicidade de compras. *Exemplo:* PAS (produtos de auto-serviço), leites longa-vida, sucos, pães de sanduíche.

Convenientes (bandeira) – São produtos que possuem como característica uma variedade limitada, ou seja, igual à oferta dos demais concorrentes do mesmo segmento, porém inferior à ofertada pelos *category killer* (especialistas). *Exemplo:* produtos automotivos.

Sazonais – São produtos que possuem como característica uma variedade grande, em razão única e exclusiva de um evento sazonal. *Exemplo:* chocolates, panetones, perus etc.

Gerenciamento por categorias

É o processo varejista/fornecedor que consiste em gerenciar categorias como unidades estratégicas de negócio, para produzir resultados comerciais melhorados por meio de concentração de esforços em entregar mais valor ao consumidor.

O processo tem início e fim no consumidor, por intermédio da compreensão de suas preferências, comportamento e necessidades, para alinhar produtos e obter os melhores resultados. Como pode ser observado na figura a seguir, a categoria é definida por uma necessidade do consumidor, como 'louça limpa, seca e guardada'.

Processo de Definição da Categoria

1. Definir a necessidade do consumidor — Louça Limpa / Seca / Guardada

2. O que fornece uma solução semelhante para satisfazer a necessidade — Detergentes líquidos, detergentes para lava-louças abrilhantadores, esponjas, escorredores, pratos de papel, refeições congeladas, panos, lavadoras automáticas.

Detergentes líquidos, esponjas, escorredores, toalhas de papel, detergentes para lava-louças, abrilhantadores — **3. O que o consumidor vê como inter-relacionado e como substituível?**

4. O que o varejista vê como inter-relacionado? — Detergentes líquidos, abrilhantadores, detergentes para lava-louças

5. A informação é mensurável? — Informação Nielsen Sistemas Internos | Um gerente de categoria pode administrar — **6. A categoria é gerenciável?**

7. Qual o grupo de produtos que compõem a categoria?

A Categoria: Agrupamento de Unidades de Produtos

Figura 2.5 Gerenciamento por categoria (ECR BRASIL, 1998, p. 54).

A estrutura da categoria representa um mapa da 'árvore de decisão do consumidor'. A questão-chave em sua definição é que ela reflita o modo como o consumidor toma decisão quando compra dentro da categoria. Nesse processo, a atribuição de papéis para as categorias – destino, tráfego, bandeira e sazonal – é uma das mais importantes decisões a serem tomadas pelo varejista, pois fornece a base para a diferenciação competitiva e conseqüente alocação de recursos entre as unidades estratégicas de negócio.

Marcas próprias

As marcas próprias apresentam-se como forte tendência de crescimento no varejo nacional, já representando cerca de 8% das vendas de algumas redes de supermercados. Em alguns países da Europa, representam 45% das vendas dos varejistas ou mais. Não são, porém, privilégio do setor supermercadista. Farmácias e lojas de material de construção estão entre vários outros exemplos de setores varejistas que vêm desenvolvendo suas

• 63 •

própias marcas. Mas, afinal, o que são marcas próprias, exclusivas, reservadas ou de 1º preço?

Produtos de marca própria – Em geral, são produtos que têm uma característica de qualidade e especificação técnica similar às marcas líderes de mercado, contudo, são posicionados entre 10% e 20% mais baratos do que o preço dos produtos líderes.

Marca de 1º preço – São produtos populares em que o principal apelo de venda é o preço praticado, que deve ser entre 30% e 50% mais barato do que os produtos líderes.

Marca reservada/exclusiva – São produtos vendidos exclusivamente em determinado varejista. Os produtos da linha Goodlight do Pão de Açúcar são um bom exemplo.

O que está por trás do forte crescimento das marcas próprias dos varejistas? Na verdade, a marca própria é uma alternativa do varejo às marcas líderes. Com a marca própria, o varejo percebeu o potencial de lucro com a venda de produtos, em que estabelecem condições de preço, prazo e volume a fornecedores de determinado item. Como a marca é do varejista, ao término do contrato, ele pode negociar para que qualquer outra empresa continue a produção, caso as condições de renovação não lhe interessem.

Além disso, há o aspecto de fidelização do cliente e de formação de imagem de marca. Com o desenvolvimento de bons produtos, o consumidor passa a levar o logotipo e a marca do varejista para dentro de casa, passando a ter uma convivência mais intensa com ela. Nesse sentido, há uma tendência para que a marca própria não apresente uma qualidade inferior, mas, sim, qualidade semelhante ou até melhor do que as marcas líderes, assim como acontece na Europa.

Há ainda o aspecto do controle do ponto-de-venda pelo varejista. Como comprovado em diversos estudos, a escolha e a decisão de compra do consumidor se dá, efetivamente, no ponto-de-venda – que está, na verdade, nas mãos do varejista. Isso possibilita que a marca própria seja trabalhada de forma privilegiada nos supermercados, ficando sempre à vista do consumidor e próximo a produtos líderes de mercado.

Por outro lado, pode-se argumentar que o desenvolvimento de produtos e fornecedores não é negócio do varejo e, sim, da indústria, e que o varejista deveria concentrar o seu foco apenas no atendimento e na prestação de serviços aos consumidores, deixando para a indústria parceira o desenvolvimento e a fabricação dos itens. Afinal, a indústria investe em pesquisa e desenvolvimento e em divulgação, trazendo diferenciais importantes ao consumidor.

Os críticos às marcas próprias argumentam ainda que, em vez de se esmerar na prestação de seus serviços específicos, e que são verdadeiramente aqueles que seus clientes esperam, a epidemia da marca própria continua contaminando de maneira indiscriminada o varejo brasileiro.

Provavelmente, o júri desta queda-de-braço entre varejo e indústria, entre marcas líderes e marcas próprias, é e continuará sendo a sua excelência, o consumidor.

O mix de serviços

Uma vez definido o *mix* de produtos oferecidos, quais os serviços que o varejista deve oferecer ao seu consumidor? Entre o leque de opções, algumas são apresentadas a seguir:

Mix de Serviços

Figura 2.6   *Mix* de serviços.

Embora pareça uma decisão corriqueira e inerente ao negócio, a opção por oferecer determinado serviço deve ser muito bem analisada. E a razão principal para isso é que, uma vez incorporado o serviço ao composto varejista, dificilmente ele poderá ser retirado, pois os consumidores o associam ao produto.

Por exemplo, se uma loja passar a oferecer entrega gratuita, o seu consumidor terá forte resistência a começar a pagar pelo serviço e poderá ficar bastante frustrado se deixar de ser fornecido.

As principais considerações a serem feitas para que um serviço seja oferecido são:

❖ O serviço faz parte ou tem sinergia com a atividade principal do negócio?

❖ O consumidor valoriza o serviço?

❖ A maior parte dos clientes utilizaria o serviço?

❖ O serviço deve ser pago separadamente ou o custo incorporado ao produto?

Essa análise deve ser cuidadosamente realizada; nos dias atuais, a grande fonte de diferenciação entre uma loja e outra, entre um ponto-de-venda e outro, é a prestação de serviços. Os produtos estão cada vez mais parecidos e a tecnologia mais acessível aos diversos tipos de negócio.

4.2 Estratégias de Preço

"De todas as variáveis do marketing *mix*, a decisão de preço é aquela que mais rapidamente afeta a competitividade, o volume de vendas, as margens e a lucratividade das empresas varejistas." Essa afirmação de Parente (2000) evidencia que, diferentemente de outras decisões, como localização, apresentação, promoção, *mix* de produtos e atendimento, as políticas de preços dos varejistas podem ser alteradas em curtíssimo prazo, até mesmo de um dia para o outro. Por causa da facilidade na implementação dessas alterações, muitos varejistas assumem uma postura fortemente competitiva, respondendo de forma vigorosa e enérgica às alterações de preço da concorrência.

Em decorrência disso, as empresas varejistas, em vez de adotar uma política consistente, acabam estabelecendo seus preços como reação automática a situações específicas, geralmente de curto prazo, sem planejamento prévio nem análise das conseqüências para o mercado e das expectativas do consumidor final. Entretanto, uma política adequada deveria contemplar a avaliação dos benefícios esperados pelo consumidor.

Independentemente da política adotada, é fundamental estabelecer preços de maneira coerente com o composto de marketing, ou seja, deve haver integração com as demais decisões que compõem o esforço de marketing da empresa. A propaganda varejista, por exemplo, está fortemente apoiada nas ofertas de preço, levando parte dos consumidores a só concretizar uma compra quando o produto está em promoção.

Em um contexto turbulento e bastante competitivo, com consumidores extremamente exigentes, evidencia-se a importância de uma abordagem estratégica e planejada do fator preço no varejo. Os executivos do varejo devem ter em mente que o aspecto essencial é a percepção de valor dos consumidores e o seu nível de satisfação. Essa avaliação levará em conta benefícios e custos obtidos em cada experiência de compra.

O preço e o comportamento do consumidor

Várias pesquisas têm mostrado que o preço é o principal atributo considerado para a escolha da loja onde o consumidor fará suas compras, o que torna a compreensão de seu comportamento um dos principais determinantes que o varejista deve considerar ao definir sua política de preço.

O principal conceito que diz respeito ao comportamento do consumidor é o de elasticidade. A elasticidade reflete a sensibilidade dos consumidores diante das alterações de preço. Uma alta elasticidade ocorre quando o consumidor mostra grande sensibilidade às variações, ou seja, pequena variação percentual no preço resulta em grande variação no volume de vendas de um produto.

A alta elasticidade existe em situações nas quais o consumidor percebe elevado grau de substitutibilidade entre os possíveis locais de compra, especialmente quando a variação de preços ocorre em apenas uma das alternativas de compra disponíveis. Os postos de gasolina já sofreram muito em função da elasticidade, já que variações de centavos no preço do litro da gasolina fazem com que o consumidor abasteça no posto vizinho. Aspectos como confiabilidade na marca e qualidade do produto reduzem o impacto da alta elasticidade, bem como o *mix* diversificado de serviços freqüentemente oferecidos nos postos atualmente, como caixas eletrônicos, farmácias, *fast-foods* e lojas de conveniência.

A inelasticidade (menor sensibilidade a variações de preço) existe em situações em que o consumidor tem urgência na compra e/ou quando se trata de alternativas de lojas com baixo grau de substitutibilidade. As lojas de conveniência são bons exemplos de varejo com efeito de elasticidade reduzido, já que o principal fator de decisão do consumidor não será o preço.

Na administração do *mix* de produtos, o varejista deve levar em consideração o efeito da elasticidade cruzada (variação percentual da quantidade demandada do produto 'A' em relação à variação de preço do produto 'B'), sendo necessário estimar quanto a menos ou a mais os produtos substitutos ou complementares vão vender. A intensa utilização da exposição denominada *cross merchandising*, segundo a qual produtos que se complementam são expostos próximos uns dos outros (por exemplo, queijo ralado próximo a massas), reflete a utilidade prática do conceito de elasticidade cruzada ou de produtos complementares. Uma grande variação no preço das massas, por exemplo, pode fazer com que a venda de queijo ralado diminua.

Há que se considerar também os preços de referência. Os clientes formulam em sua mente um preço ou faixa de preços para o quanto algo deve custar. Churchill e Peter (2003) conceituam preço de referência como aquele que os compradores assumem para comparar com o preço proposto de um produto ou serviço. Os compradores tendem a achar que o preço é um bom valor se for menor que o seu preço de referência. A compreensão da lembrança e do conhecimento do preço do produto pelos consumidores é importante para o varejista, o qual terá maior ou menor flexibilidade para trabalhar preços de itens, de acordo com a memorização.

Escolha da política de preços

São duas as políticas de preço mais comumente adotadas pelos varejistas:

a) Preços Baixos Todos os Dias (*Everyday Low Price* – EDLP) – O varejista que segue esta política cobra um preço baixo constante, todos os dias, sem descontos temporários. A constância elimina a incerteza de preços de uma semana para a outra. A política EDLP tem sido adotada pelos mais diversos setores, mas quem domina a estratégia é o Wal-Mart, que praticamente definiu o termo. Excetuando poucos artigos em oferta a cada mês, o Wal-Mart promete preços baixos todos os dias. Os varejistas adotam a estratégia EDLP por várias razões; a mais importante delas é que descontos e promoções constantes são dispendiosos. Nesta política, uma vez conquistada a confiança do consumidor, ele terá certeza de que sempre encontrará bons preços.

b) Preços Altos-Baixos (*High Low Price* – HILO) – O varejista cobra preços mais altos, mas realiza promoções freqüentes nas quais os preços caem temporariamente abaixo do nível da política EDLP. Aqui são consideradas as percepções dos clientes e não os custos do vendedor como chave para determinar preço. Esta política é justificada porque as promoções criam entusiasmo e atraem compradores. Por esse motivo, a EDLP não constitui garantia de sucesso. Muitos varejistas utilizam uma combinação de estratégias de determinação de preços altos-baixos e de preços baixos todos os dias, com um aumento de propaganda e promoções.

A esmagadora maioria dos varejistas brasileiros trabalha com a política HILO, uma vez que o consumidor está habituado ao apelo da promoção. Existe uma expectativa de que a estabilidade de preços possa auxiliar na mudança do seu comportamento, já que ficou mais fácil construir referenciais de preço e optar pelas lojas que ofereçam sempre melhores ofertas, com a redução do seu gasto total ao longo do tempo.

Táticas de preço

Associadas à política geral de preços adotada, o varejo trabalha com algumas táticas na definição de seus preços. Entre elas, as mais comuns são apresentadas a seguir:

TÁTICA		DESCRIÇÃO
Preço geográfico		Atribuir diferentes preços para diferentes localidades.
Preço psicológico		Uso de números ímpares para precificar o produto. Em vez de R$ 30,00, o preço psicológico sugere o valor de R$ 29,95.
Alinhamento de preços		O varejista determina, para mercadorias de certa categoria de produtos, diferentes níveis de preço (por exemplo, R$ 45, R$ 55 e R$ 75).
Preço promocional		Utiliza as técnicas a seguir.
T É C N I C A	Preço com descontos	Para estimular compras em situações específicas.
	Isca	Redução do preço de marcas conhecidas, para estimular um movimento maior nas lojas.
	Ocasião	Preços especiais em certas épocas, para atrair mais clientes.
	Financiamento a juros baixos	Em vez de cortar preços, a empresa pode oferecer aos clientes financiamentos a juros baixos.
	Prazos de pagamento longos	Empréstimos a prazos mais longos reduzindo parcelas mensais.
Mix de Produtos		Preços diferenciados de um produto em função do *mix*.
Internet		Preços e condições comerciais alternativas no canal internet.

Tabela 2.1 Táticas de determinação de preços e técnicas promocionais.

As táticas oferecem opções estratégicas para atender aos objetivos de venda específicos dos varejistas, mas devem ser utilizadas dentro de um contexto planejado de longo prazo, deixando clara para o consumidor a proposta comercial da loja ou negócio. Os preços promocionais, por exemplo, podem ser eficientes quando usados por um prazo determinado para um produto determinado, mas podem perder impacto quando repetidos freqüentemente.

4.3 Seleção dos Canais de Distribuição

Como já dito no início do capítulo, o varejo está tradicionalmente associado ao formato de loja. Na década de 90, costumava-se dizer que a localização era o fator mais importante para o sucesso de um negócio no varejo, o que pode continuar valendo quando se fala do varejo com lojas. Porém, o varejo está trabalhando outras formas de chegar ao consumidor; a mais comentada é o comércio eletrônico (*e-commerce*) pela Internet.

Quando o comércio eletrônico surgiu, muitos varejistas, principalmente nos Estados Unidos, onde o consumidor é mais propenso a comprar a distância, ficaram receosos com relação ao futuro de suas lojas e houve uma corrida para o desenvolvimento de sites na Internet e para a viabilização da venda por meio deles. A partir do segundo semestre de 2000, começou a se delinear o modelo de varejo multicanal como tendência para um futuro em que não prevalecerá a Internet, a loja ou o catálogo, mas as empresas que forem capazes de estabelecer relacionamento com seus clientes e atendê-los onde, quando e como quiserem comprar. Tal tendência já começa a se tornar realidade. A figura a seguir apresenta um resumo das principais vantagens de cada um dos canais para o varejista e seu consumidor:

Figura 2.7 Varejo multicanal.

Esta configuração tem demonstrado capacidade de otimizar estrutura e sinergias, promovendo venda entre os canais e aumentando o grau de fidelidade e rentabilidade dos clientes. Entretanto, não se deve perder de vista as inúmeras formas de operação multicanal adotadas pelo varejo de modo geral.

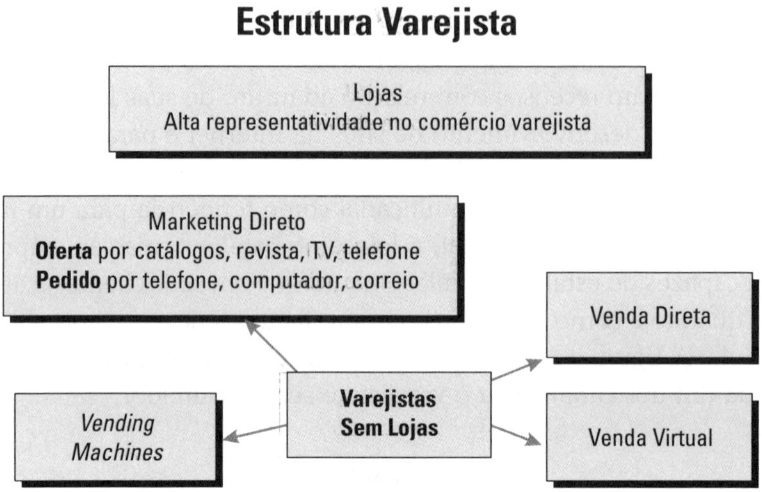

Estrutura Varejista

Lojas
Alta representatividade no comércio varejista

Marketing Direto
Oferta por catálogos, revista, TV, telefone
Pedido por telefone, computador, correio

Venda Direta

Vending Machines

Varejistas Sem Lojas

Venda Virtual

Figura 2.8 Estrutura varejista (PARENTE, 2000),

A Figura 2.8 mostra que, além dos varejistas que operam lojas, há inúmeras outras maneiras de chegar ao consumidor, na hora, na forma e no meio que lhe interessa:

Venda Direta. Estima-se que o mercado de venda direta ou porta a porta movimente cerca de US$ 3 bilhões anuais no Brasil, e a tendência é de crescimento. Por quê? Porque essas empresas utilizam-se de representantes que criam um vínculo muito forte com o consumidor, que em geral conhecem o seu comportamento, seus hábitos, costumes e anseios. Eles estão inseridos no seu dia-a-dia. Podem aconselhar, orientar e acompanhar o processo de compra, uso e avaliação pós-compra. A Avon diz contar hoje com 880 mil revendedoras, tendo inclusive produzido um programa de TV para informá-las e treiná-las com relação a atendimento ao consumidor. A concorrente Natura já tem cerca de 350 mil.

Marketing Direto. Forma de distribuição muito utilizada por varejistas, fabricantes de bens de consumo ou representantes de produtos estrangeiros. Exemplos claros são as empresas que vendem seus produtos pela televisão. A indústria tem sentido necessidade de aproximar-se do cliente final e busca formas de verticalização para o varejo, tentando preservar sua relação com os tradicionais canais de distribuição, mas permitindo acelerar processos de aprendizado, testes de produtos e percepção sobre preferências do consumidor. Empresas como DeMilus, Dell e Brastemp procuram desenvolver meios de oferecer seus produtos diretamente ao consumidor. Empresas de venda direta via TV, como Shoptime, já operam via Internet de maneira integrada.

Venda Virtual. A venda virtual cresce à medida que o consumidor se habitua ao meio e passa a confiar no sistema de segurança oferecido pela rede. Muitas pessoas ainda resistem à compra pela Internet, principalmente pelo receio de fornecer dados pessoais ou de cartões de crédito. O surpreendente é que muitas delas costumam se utilizar regularmente dos serviços bancários pela Internet, que envolvem um risco tão grande quanto o de uma transação de compra. A explicação pode residir no fato de que confiam no seu banco e acreditam que ele ofereça um ambiente seguro para as suas transações.

Muito embora seja interessante que as empresas das mais diversas áreas tenham sites, nem sempre o comércio eletrônico é uma estratégia adequada para todos os negócios varejistas. Empresas como Avon e Natura utilizam os seus sites para assessorar e dar suporte às revendedoras. No caso de vendas pela rede, as transações são vinculadas a uma revendedora.

As empresas puramente virtuais, aquelas nascidas da Internet, também buscam formas de operação com outros canais, nem sempre bem-sucedidas. O Submarino, por exemplo, chegou a testar a abertura de quiosques e lojas, mas não levou adiante o projeto.

Vending Machines. As antigas *vending machines* também ganham uma roupagem nova com crescimento de operações nos mais variados setores de atuação. Aluguel de fitas de vídeo e venda de tíquetes do metrô são alguns exemplos, bem representados também pela operação de caixas eletrônicos. O desafio desses sistemas, principalmente no caso bancário, é vencer a resistência das classes de menor poder aquisitivo que ficam receosas e tensas na interatividade com a máquina.

O segredo parece ser, portanto, oferecer opções ao consumidor para que ele seja atendido da forma que quer, no momento que quer, no meio que preferir. O varejo multicanal é, portanto, o caminho para o sucesso das operações varejistas, tendo como principal desafio compreender as diferentes motivações e momentos de compra do cliente, para proporcionar experiências positivas em todos os canais.

A identidade e integração entre os canais são fundamentais, assim como a compreensão das diferentes linguagens e níveis de serviço únicos que cada canal pode proporcionar. A combinação adequada de canais dependerá das características de cada segmento de mercado e, principalmente, da cultura, capacidade, recursos e estratégia de cada empresa.

4.4 Estratégias de Comunicação e Sedução no Varejo

Para falar de estratégia de comunicação e sedução no varejo, temos de voltar um pouco e retomar a Seção 3.2, em que foi abordada a questão do posicionamento. A estratégia de posicionamento definida pela empresa vai ser a base para toda a estratégia de comunicação a ser adotada. Afinal, qual é a imagem que a empresa quer transmitir ao consumidor?

O pressuposto básico da imagem a ser transmitida é que a empresa possa efetivamente entregar aquilo que ela promete. Uma das piores armadilhas para um empresário é acreditar que a estratégia de comunicação possa ser mais brilhante do que a capacidade efetiva de oferecer o prometido. Não adianta cativar o consumidor, garantindo o melhor produto, o melhor serviço, o preço mais em conta, se o benefício não for efetivamente entregue. O consumidor sente-se enganado, e a reversão desta sensação é muito mais difícil do que qualquer outra conquista.

Uma vez definido o posicionamento, deve ser traçada toda a estratégia de comunicação da empresa, o que comunicar e como comunicar. Nesse sentido, torna-se fundamental atentar para a comunicação integrada de marketing, ou seja, coordenar o *mix* de comunicação de forma tão rigorosa que se pode olhar de veículo de propaganda para veículo, de evento de programa para evento, e perceber que a marca está falando uma única linguagem.

A comunicação integrada garante que todos os canais pelos quais a mensagem é transmitida estejam em sintonia, reforçando e garantindo a consistência da estratégia de comunicação. Imagine uma grife de moda que veicule anúncios sofisticados para um público seleto. Agora imagine a mesma grife divulgando uma promoção em tablóides nos jornais de domingo. É o ponto de partida para a decadência da marca. Por mais que seja necessário realizar promoções para liquidar peças de estação, não se pode fazê-lo de modo que prejudique a imagem da marca.

Mas quais são os canais que devem ser administrados pela comunicação integrada? Basicamente, estamos falando de três canais: a propaganda, a promoção e a publicidade. O *merchandising*, que é a promoção no ponto-de-venda, será tratado na Seção 4.5, *Atmosfera da Loja e Merchandising.*

Propaganda

Matéria de capa da revista *Exame* (26 nov. 2003), a discussão acerca dos investimentos em propaganda vem tomando cada vez mais espaço na mídia. Sempre mais seletivos, exigentes e atentos ao retorno sobre os seus investimentos, os anunciantes estão obrigando as agências a elaborar campanhas eficazes em termos de retorno e de vendas. Ainda responsável por 48% das verbas do orçamento de marketing nas maiores empresas anunciantes do País, segundo a revista, a propaganda vem perdendo espaço para a promoção de vendas e outras ferramentas de marketing. O grande desafio é provar que efetivamente a propaganda funciona e que gera um resultado mais interessante para a empresa do que as demais ferramentas disponíveis.

A propaganda é, basicamente, uma mensagem paga, divulgada por meio de veículos de comunicação para um público-alvo definido.

Os principais objetivos de uma propaganda no setor varejista são:

1. Desenvolver e reforçar a imagem da empresa.
2. Informar os clientes sobre a mercadoria e sobre os preços.
3. Anunciar uma promoção.

Entre esses objetivos, qual seria o mais comumente utilizado pelos varejistas?

Embora alguns varejistas invistam na propaganda de imagem, a maioria das propagandas de varejo enfoca objetivos de curto prazo, portanto, prioriza a opção número 3.

Ou seja, no varejo, a maior parte das propagandas tem por objetivo comunicar uma promoção, geralmente com forte apelo em preço e com prazo de validade estampado: ATÉ AMANHÃ! Hoje, a rede Casas Bahia, maior anunciante nacional e seguido de perto por seus principais concorrentes, como a Marabrás e o Ponto Frio, investem fortemente para levar o consumidor até a loja. Poucas foram as oportunidades em que a empresa utilizou a propaganda para trabalhar sua imagem institucional, como no aniversário de 50 anos, quando o apelo principal da campanha era a comemoração e o reforço do vínculo com o seu consumidor.

Uma vez definido o objetivo da propaganda, toda a estratégia de marketing pode se tornar ineficiente se a escolha da mídia para a veiculação da mensagem for feita de forma inadequada. Shimp (2003) expõe como as cinco principais mídias: televisão, jornais, revistas, rádio, mídia externa. A seguir, uma tabela adaptada de Mason et. al. (1978) com um breve resumo das vantagens e desvantagens das principais mídias para os varejistas.

Marketing Business to Consumer

	Vantagens	Desvantagens
Jornais	Flexibilidade Cobertura Local Ampla Aceitação Credibilidade	Vida Curta Qualidade de Produção Baixa Rotatividade de Leitura
Revistas	Seletividade Geográfica e Demográfica Credibilidade e Prestígio Qualidade de Produção Vida Longa e Portabilidade Alta Rotatividade de Leitura	Tempo de Produção Tiragem Perdida Pouca Garantia de Posição
Rádio	Audiência em Massa Seletividade Geográfica e Demográfica Baixo Custo	Apresentação Visual Dispersão da Audiência Baixa Padronização de Custos
Televisão	Apelos a Vários Sentidos Nível de Atenção Alto Alcance	Custo Elevado Menor Seletividade Longo Prazo de Produção
Mala-Direta	Seletividade da Audiência Flexibilidade Personalização	Definição do *Mailing* Resistência do Público Qualidade de Produção
Outdoor	Flexibilidade Exposição Repetida Baixo Custo	Seleção da Audiência Limitação do Formato

Tabela 2.2   Vantagens e desvantagens das principais mídias varejistas.

Para as empresas varejistas, uma forma de mídia especialmente importante é a mídia externa; essas sinalizam áreas próximas ao seu ponto-de-venda. Placas indicativas como aquelas que se localizam acima das placas com nomes de ruas, em São Paulo sob a concessão da Plamark, por exemplo, tornam-se vitais para guiar as pessoas até a agência bancária ou ao supermercado. O uso de *outdoors* na região onde está localizada a unidade também é interessante. Na análise de localização da comunicação, o varejista pode utilizar o conceito de área de influência (área geográfica que contém a maior parte dos clientes de uma loja) para definir a área interessante de abrangência.

O jornal, por sua vez, é freqüentemente utilizado por varejistas, e a principal razão é a flexibilidade oferecida por esta mídia. Como o principal objetivo da propaganda varejista é anunciar uma promoção, é muito importante

• 77 •

que o anúncio possa ser produzido em um curto espaço de tempo e entregue com pouca antecedência, pois as condições de uma promoção podem variar de acordo com o desempenho de vendas da semana anterior.

Por outro lado, no campo da mídia impressa, temos as revistas, que têm a grande vantagem de ser bastante segmentadas ao seu público-alvo e ter alta rotatividade de leitura, cerca de quatro pessoas por exemplar – isso, logicamente, depende do título da revista: a *Caras* em um cabeleireiro pode ser lida por um número cem vezes maior.

O rádio é uma mídia interessante, principalmente para reforçar uma campanha. Ela possibilita segmentação e tem alta penetração, porém é muito dispersiva, e depende de um número grande de inserções (mínimo de 12 por dia) para ser efetiva (o que Shimp chama de *fracionalização da audiência*).

A propaganda em TV aberta é muito interessante para produtos de consumo, porém ainda é muito cara para muitos anunciantes. No meio varejista, por exemplo, é a segunda mídia mais utilizada, atrás apenas dos jornais, mas este fato é explicado em razão da presença de grandes anunciantes, como Casas Bahia, hoje o maior deles em âmbito nacional.

A Internet vem sendo muito utilizada como mídia de relacionamento, tanto com os clientes quanto entre negócios que apresentam sinergia e que, portanto, acabam anunciando de forma cruzada por meio de *banners* e *pop-ups*. Entretanto, os investimentos anteriormente esperados para essa mídia não devem acontecer. De acordo com Limeira (2003), a principal característica da Internet como veículo de comunicação de marketing é a interatividade em tempo real, possibilitando que a empresa obtenha resposta imediata do consumidor e customize sua oferta de acordo com as demandas específicas de cada cliente. Para otimizar as potencialidades da mídia como ferramenta de criação de vantagem competitiva e fidelidade dos clientes, o profissional de marketing precisa elaborar um plano estratégico de atuação na Internet, de modo que construa relacionamentos duradouros com seus clientes e parceiros.

As mídias alternativas têm sido cada vez mais utilizadas pelos anunciantes. Motoqueiros em série, prédios em construção, ônibus, metrô, enfim, milhares de oportunidades para anúncio de produtos que podem ter um impacto muito maior para o consumidor do que uma mídia tradicional. Até mesmo o Super 15, da Telefônica, pode ser considerado mídia alternativa e trazer muitos resultados para as empresas.

Vale lembrar as duas maiores dificuldades enfrentadas pelos profissionais de marketing no varejo: definir a verba destinada ao marketing (não só à propaganda, mas ao marketing de maneira geral!) e avaliar o retorno das ações de marketing.

Quanto à verba, percebe-se que a forma mais comum de definir quanto será investido em marketing é um percentual sobre as vendas, o que a princípio não é o meio adequado, pois, ao se aplicar um percentual sobre as vendas, assume-se que marketing seja função de vendas, e não o contrário. O ideal é um planejamento que mostre o que a empresa objetiva, quais as ações necessárias e, então, qual o investimento necessário.

A avaliação do retorno das ações é fundamental para consolidar a função do marketing na empresa. Quanto mais possível for a identificação de retorno de cada mídia utilizada, maior a possibilidade de eficiência da comunicação como um todo.

Promoção de vendas

Entende-se por promoção de vendas,

> [...] um conjunto de técnicas de incentivo, com prazo determinado, objetivando estimular a compra/venda mais rápida de maior volume de produtos ou serviços, que servem para atender um objetivo específico, como regularizar o estoque ou gerar experimentação do produto (CRESCITELLI e COSTA, 2003).

Para Keegan e Green (2000), a promoção de vendas refere-se a qualquer programa comercial ou voltado ao consumidor, com duração limitada, que acrescente um valor tangível ao produto ou marca. O valor tangível criado pela promoção pode se apresentar de várias formas, como redução de preço ou uma oferta: "Compre um e leve outro grátis". Muito embora o termo promoção seja freqüentemente associado à redução de preços, na concepção desses autores, qualquer ferramenta utilizada para incentivar as vendas, o preço inclusive, é considerada promocional. Reembolsos pelo correio, amostras e cupons também são exemplos de outras configurações comumente usadas.

Sant'anna (1998) conceitua promoção de vendas como uma técnica de marketing para acionar quando a rotina de vendas emperra, pretendendo um retorno imediato por um custo menor. Promover é fazer avançar, dar impulso, desenvolver. Promoção é a semeadura, e a venda, a colheita.

A crescente popularidade das promoções de vendas como uma ferramenta de comunicação de marketing pode ser explicada por seus benefícios e vantagens. Além de proporcionar um incentivo tangível para os compradores, a promoção de vendas também reduz o risco que os compradores podem associar à aquisição do produto.

A promoção deve oferecer um benefício extra ao consumidor, algo que não constitua característica intrínseca ao produto (CRESCITELLI e COSTA, 2003). Por exemplo, no sabão em pó Omo, a sua fórmula *xyz* e tudo o que ela proporciona são características e benefícios do produto em si. Já oferecer o dosador pode ser um benefício extra, ou seja, algo que o consumidor leva e que facilitará o uso do produto. Supondo que o dosador seja oferecido sistematicamente na embalagem do sabão em pó, ele passa a fazer parte do produto, e o consumidor já tem a expectativa de comprar o sabão junto com o utensílio. Nesse sentido, a oferta foi incorporada ao produto e deixou de constituir uma promoção. Caso o fabricante retire o benefício, o consumidor irá percebê-lo como perda, surtindo justamente um efeito oposto ao esperado ao idealizar e efetivar a promoção. É por esse motivo que se recomenda fortemente que as promoções sejam realizadas por tempo determinado.

Por terem vida limitada, as promoções devem produzir um alto impacto. Um exemplo de promoção bem-sucedida foi a da Parmalat e seus bichinhos. É o que se chama de *self liquidated*, ou seja, uma promoção cujos custos foram cobertos não apenas pelo sucesso, mas pela própria mecânica, que exigia um pagamento em reais para a obtenção do brinde.

Uma promoção pode ter diferentes públicos-alvo, e o mais comum é, sem dúvida, o consumidor final. Justamente por isso, costumam acontecer no ponto-de-venda (PARENTE, 2000). Exemplo desse tipo é a demonstração, que tem como principal vantagem a garantia de que o consumidor experimente o produto de forma correta, além de ser eficiente em lançamentos ou para produtos inovadores; e a amostragem, que pode ser muito interessante para gerar experimentação.

Para que essas ações sejam bem-sucedidas, é fundamental a escolha adequada do ponto-de-venda em que serão efetuadas. Deve-se escolher o estabelecimento varejista que tenha maior sinergia com o público-alvo e, por isso, muitas vezes, estas ações são realizadas em estabelecimentos mais segmentados do que supermercados, como escolas e academias. O lançamento de um novo absorvente higiênico pode ter como estratégia um procedimento por amostragem em escolas, enquanto um novo isotônico pode ser bem divulgado em uma academia de ginástica.

Publicidade

Como parte de um plano promocional, a publicidade está mais preocupada com a comunicação externa para criar a imagem da empresa, a sua personalidade. Nessa linha, vale comentar que faz parte do papel das relações públicas criar os 'motivos', ou seja, eventos, lançamentos e acontecimentos que possam ser divulgados ao público e beneficiar a imagem da empresa.

Tomando como exemplo uma academia de ginástica, pode-se trabalhar fortemente o aspecto relações públicas. Um calendário anual de eventos, com base nas datas festivas, já é um bom começo para gerar notícias. Personalidades que freqüentem a academia, ações sociais, como a Campanha do Agasalho, e as Maratonas Sazonais complementam um plano de trabalho nessa linha.

A palavra publicidade, tradução de *publicity*, em inglês, é muito confundida no Brasil com propaganda, a começar pelo termo indiscriminadamente utilizado: agência de publicidade ou agência de propaganda. Adotando o conceito de Mason et. al. (1978), a publicidade é um estímulo impessoal da demanda por um produto, serviço ou empresa através da divulgação de notícias na mídia ou de apresentação favorável a ela sem o pagamento pela veiculação. Segundo os autores, a publicidade pode ser classificada em três categorias: eventos, entretenimento, educação ou serviços à comunidade.

De fato, para empresas varejistas, a publicidade pode ser gerada por vários motivos. Os eventos, em geral, representam situações que trarão gente para o ponto-de-venda, independentemente do fato de comprarem ou não. Recentemente, a rede de livrarias americana Borders recebeu, em primeira mão, o quarto volume do livro de *Harry Potter*. Com a loja decorada para receber os leitores de Potter, o livro esgotou-se em poucas horas. No Brasil, é comum serem noticiados eventos de lançamentos de coleção ou que envolvam atores e celebridades.

Já para a construção da imagem, os varejistas podem optar por programas de entretenimento, como o *Pão Music* ou a *Maratona*, ambos patrocinados pelo Pão de Açúcar, e por programas educacionais/ações sociais, muito em moda nos dias atuais.

De acordo com Parente (2000), a publicidade no varejo é definida como uma ferramenta de relações públicas, consistindo na comunicação positiva ou negativa referente à atividade do varejista, indireta, impessoal, veiculada por uma mídia de massa e não paga nem creditada a nenhum responsável. A publicidade, quando positiva para o varejista, tem a grande vantagem de comunicar credibilidade e poder alcançar uma audiência de massa.

Em resumo, o que caracteriza a publicidade é a publicação ou veiculação de notícias e informações sobre a empresa que a imprensa tem interesse em divulgar, o que pode ser obtido como resultado de um eficiente trabalho de relações públicas. Porém, a maior parte das empresas nacionais trabalha com a contratação de uma assessoria de imprensa, que tem por objetivo elaborar uma estratégia que gere motivos para a veiculação de notícias na imprensa.

Para que a assessoria de imprensa seja eficiente, além de saber trabalhar bem os motivos, ela deve ter um excelente relacionamento com a imprensa que cubra o tipo de produto ou serviço oferecido por seus clientes. No exemplo da academia de ginástica, há um enorme potencial para gerar matérias interessantes uma revista como a *Corpo a Corpo*, portanto a sua assessoria de imprensa deve ter relacionamentos neste veículo.

Por fim, a assessoria deve elaborar *press releases* (resumos com detalhes sobre a informação ou notícia a ser veiculada) atraentes, ou seja, que explorem bem as razões pelas quais a imprensa deveria ter interesse na cobertura.

Existem empresas de clipagem especializadas em coletar todas as matérias, anúncios ou artigos que fizeram referências à determinada organização. Uma sofisticação desse material é a centimetragem (para a mídia impressa), que procura valorar o preço que teria sido pago caso a empresa tivesse veiculado mensagens que ocupassem espaço equivalente ao conquistado gratuitamente. As quantias chegam a ser surpreendentes.

Vale considerar que, apesar de somarem valores elevados, muitas vezes, essas veiculações têm valor ainda maior para a empresa, pois para o consumidor tem maior peso um depoimento de um veículo de credibilidade do que um anúncio elaborado pela própria empresa com o apelo: "Compre a nossa marca porque ela é a melhor".

Sob a ótica de empresas varejistas, as ações no ponto-de-venda e de cunho social tomam uma enorme dimensão e podem resultar em substantivos ganhos de imagem. A constatação pode ser feita com base em análise de aplicações de verbas de empresas como Pão de Açúcar, Natura, Avon, Agip, McDonald´s, entre tantas outras.

4.5 Atmosfera da Loja e *Merchandising*

A atmosfera da loja e todo o trabalho de *merchandising* são hoje pontos fundamentais de uma estratégia de marketing bem-sucedida no varejo. São ambientes trabalhados que fazem com que o consumidor passe mais tempo na loja e, conseqüentemente, compre mais.

Segundo Blessa (2003),

[...] *merchandising* é qualquer técnica, ação ou material promocional usado no ponto-de-venda que proporcione informação e melhor visibilidade a produtos, marcas e serviços, com o propósito de motivar e influenciar as decisões de compra dos consumidores.

O *merchandising* muitas vezes é confundido com o *merchandising tie-in*. Para Blessa (2003),

[...] as aparições sutis de um refrigerante no bar da novela, da sandália que a mocinha da história sem querer quase esfrega na tela, na logomarca estampada virtualmente no meio da quadra de um evento esportivo, numa demonstração de produto dentro de um programa de auditório, etc.

Varejo e Clientes

O *merchandising* torna-se ainda mais essencial quando se constata que 85% dos consumidores (no segmento supermercado) decidem a compra no ponto-de-venda, de acordo com o POPAI do Brasil. *(Point of Purchase Advertising International).*

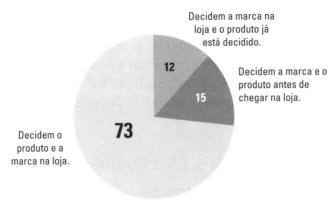

Figura 2.9   Decisão de compra (POPAI, 1998).

Vários são os objetivos de um plano de *merchandising*. Muitos anunciantes destacam como objetivo principal o aumento da venda por impulso, ou seja, aquela que é realizada sem planejamento e decidida em um curto espaço de tempo. Outros acham que o papel do *merchandising* é criar um elo entre a propaganda e o produto no ponto-de-venda. Nesse caso, ao chegar no ponto-de-venda, o consumidor vai facilmente relacionar o que viu na comunicação da empresa com o produto ou a promoção em destaque na loja.

Outro objetivo comumente atribuído ao *merchandising* é atrair a atenção do consumidor. Esse seria o caso do *display* convenientemente deixado no meio do corredor, praticamente impossível de não ser visto.

Muito embora não seja comumente citado, um dos principais objetivos do *merchandising* é auxiliar os funcionários do varejo. Nesse caso, podemos denominar *Visual Merchandising* como *o vendedor invisível e silencioso que prestará o atendimento ao cliente, contribuindo de maneira significativa para o faturamento da loja*. Um excelente exemplo de varejista que utiliza de forma magistral essa estratégia é a rede sueca de lojas de móveis IKEA. O consumidor pode andar pela loja inteira, de 15 mil metros quadrados, sem conversar nem por um instante com um vendedor e sair satisfeito: foi muito bem atendido. Ao lado de cada móvel existem *displays* contendo folhetos com especificações e mais informações sobre os produtos. As etiquetas fornecem informações como preço, nome do produto, fatos (cores, tamanhos etc.), detalhes que o consumidor deve conhecer, cuidados com o produto e como comprá-lo. Ao lado de cada ambiente decorado, uma frase ou imagem com apelo mais emocional, criando um forte vínculo com o consumidor e tornando a experiência de compra mais agradável.

Ainda com relação ao *merchandising*, vale dizer: *produto não visto é produto não comprado*. Essa é a razão de tanta briga pela exposição privilegiada de produtos no ponto-de-venda. No supermercado, por exemplo, muitos consumidores não costumam levar lista de compra, confiam apenas na sua memória. Porém, se não vêem o produto de que precisam, muito provavelmente esquecerão de levá-lo.

Para os produtos de consumo, além da localização, a embalagem torna-se ponto fundamental na escolha do consumidor. Uma embalagem atraente e diferenciada dentro da categoria pode ser a diferença nos rápidos momentos que antecedem a decisão de compra.

Outro ponto importante a considerar é o *cross-merchandising*, que diz respeito à exposição casada de itens complementares, como macarrão e molho de tomate. A rede americana Giant Eagle leva essa técnica um pouco adiante: expõe antiácidos junto da sua linha de produtos para churrascos.

Segmentos varejistas como as farmácias também utilizam freqüentemente o *merchandising*, muitas vezes em ação cooperada com a indústria. A Procter & Gamble, por exemplo, promove sua linha de descongestionantes VICK nas farmácias com o programa da VICKSIBILIDADE, que consiste em vestir a farmácia com o produto, exposto em móbiles, pontas de gôndola, adesivos de piso etc. É impossível que uma consumidora (a mãe) entre no ponto-de-venda e se esqueça de levar o produto.

Vale ressaltar a importância do cuidado na seleção das pessoas para trabalhar ações promocionais no ponto-de-venda, como *sampling* e degustações. Esses indivíduos formarão a imagem da empresa e, como tal, devem estar cientes da cultura empresarial, adotar postura adequada e ter boa apresentação.

5 Considerações Finais

O varejo é emoção, é dinâmica, é detalhe.

Não é fácil ser varejista. O sucesso de hoje não garante o sucesso de amanhã. É preciso entender o comportamento do consumidor, o nosso cliente, e acompanhar de perto as freqüentes mudanças. Essa não é uma tarefa fácil; cada pessoa tem diferentes motivações e reações. Treinar a equipe para lidar com esse cliente é um grande desafio.

O consumidor moderno é um misto entre exigência de contato com as pessoas nos pontos-de-venda, de supermercados a lojas de material de construção, e uma acessibilidade cada vez mais facilitada pela tecnologia, o que possibilita, por exemplo, a compra por canais alternativos, como a Internet.

Diante dessa realidade, as lojas do varejo têm um desafio maior, isto é, competem com um adversário de peso: o tempo de lazer do consumidor. Com pouco tempo para as compras, a maior parte das pessoas vai ao shopping, ao supermercado e ao *homecenter* no final de semana, junto com a sua família, e busca não apenas o produto procurado, mas também uma excelente experiência de compra.

Daí a necessidade de proporcionar na loja um ambiente agradável. O crescente uso da tecnologia pelo varejo deve ser a serviço de um melhor atendimento e reverter em ações práticas em benefício do consumidor.

O grupo alemão Metro desenvolveu o projeto da loja do futuro na área de supermercados, uma iniciativa que tem por objetivo promover inovações no varejo. A idéia é testar e colocar em prática tecnologias e sistemas técnicos que possam ser efetivamente adotados no futuro. O uso da tecnologia

RFID (*Radio Frequency Identification*), por exemplo, pode revolucionar a cadeia de fornecimento e a administração de estoques, com toda a informação acerca do produto sendo transmitida por *chips* colocados nos produtos. Além disso, o projeto do grupo prevê:

- ❖ Assistente de compras personalizado (última lista de compras e localização dos produtos na loja);
- ❖ *Self check-out* (caixas em que o próprio cliente dá saída nos produtos e realiza o pagamento de suas compras);
- ❖ Comunicação individualizada (ofertas de acordo com o perfil do consumidor);
- ❖ Etiquetas de preço eletrônicas, que garantem a informação de preço correta e homogênea em toda a loja;
- ❖ Displays com informação sobre o produto e aconselhamento na escolha.

Embora a tecnologia seja importante, nem sempre a loja precisa ter aspecto futurístico, um ambiente do tipo 'distante', em cores prata e cinza, com características impessoais, embalagens padronizadas e comunicação interna sem vida. Estudos modernos feitos com os consumidores mostram que eles buscam, na maioria das vezes, lojas com características diametralmente opostas:

- ❖ Aconchegantes.
- ❖ Com equipe atenciosa e prestativa, que valorize o contato humano e a interação social.
- ❖ Interativa, com a valorização do *merchandising*, das embalagens, da interação com o produto.
- ❖ Com a atmosfera promocional bem trabalhada, em sintonia com a proposta da loja.

Observando alguns *cases* voltados para o varejo de supermercados nos Estados Unidos, existem, ao lado das *megastores* e da aplicação da tecnologia no setor, alguns contrapontos:

❖ A Stew Leonard's, uma rede familiar de supermercados com quatro lojas nos Estados Unidos (Connecticut e Nova York) e 35 anos de operação. Entrou para o Guiness como o metro quadrado mais rentável dos Estados Unidos e foi ranqueada pela terceira vez seguida uma das cem melhores empresas para se trabalhar. Considerada a Disneylândia dos laticínios, permite animais de estimação na loja e recebe os clientes na porta, tratando-os pelo nome (O pequeno notável. *Isto é Dinheiro*, 25 fev. 2004.)

❖ A Giant Eagle, uma rede de supermercados americana que fatura US$ 4 bilhões com supermercados diferenciados, com alto nível de prestação de serviços, vem testando os *self check-outs*. A rede está testando cerca de três *self check-outs* por loja, além dos caixas tradicionais que oferecem atendimento pessoal. O resultado é que pouquíssimos clientes se dirigem ao *self check-out*. As pessoas de mais idade passam longe e o mais novos só optam por ele se são poucos os produtos comprados.

❖ Apesar da experiência em redes de supermercados quanto ao auto-atendimento estar em teste, ainda nos Estados Unidos, no ramo de material de construção, a Home Depot está implantando um projeto de *self check-outs* em parceria com a NCR, e parece estar indo bem. A idéia é agradar ao consumidor que já tem o perfil do tipo *do it yourself*, ou seja, que já está habituado a ter autonomia para desenvolver o seu projeto, para que tenha também autonomia para efetivar o seu pagamento. Outra vantagem do sistema está na otimização dos funcionários, pois requer apenas um atendente para supervisionar quatro *self check-outs* e libera pessoas para atender os clientes. Porém, a dificuldade está no *mix* de produtos dessas lojas; muitos deles não são embalados ou empacotados, como acontece nos supermercados.

Mas, afinal, o que o consumidor quer?

Rapidez na hora de pagar, mas ter flexibilidade para passar quanto tempo quiser na loja. A permanência na loja e a satisfação com a experiência de compra aumentam o desejo de consumir. Um núcleo da chamada 'economia do comportamento', New York University, estuda os processos de liberação neuroquímica desencadeada pelo desejo de consumo em conseqüência de duas situações: a da retenção de memória do consumidor pela propaganda ostensiva, e a de contato com o objeto de desejo. Ou seja, a propaganda cria o desejo, e o ponto-de-venda trabalha a favor da efetivação da compra.

Interatividade consumidor–vendedor

Nas lojas que oferecem um alto grau de tecnologia, como a do grupo Metro, o processo de compra apresenta-se tão automatizado que os consumidores mais propensos a lidar com toda essa tecnologia será que vão sair de casa para ir até o supermercado? Na verdade, cada varejista terá de compreender o que o seu consumidor espera daquele determinado processo de compra.

A resistência ao atendimento do *callcenter* automatizado, por exemplo, é cada vez maior. No mercado nacional de varejo de material de construção, percebemos que o consumidor, além de ter a necessidade de interação com vendedores, é altamente influenciado por eles.

Há que se considerar ainda que no Brasil a mão-de-obra é mais barata e, em função da sua importância para o consumidor, talvez sua redução não tenha efeito positivo sobre os resultados do varejista.

Vantagens da tecnologia

Alguns pontos acerca da tecnologia são, sem sombra de dúvida, interessantes para o consumidor:

❖ Abastecimento eficiente da loja;

❖ Credibilidade nos preços informados pelos diferentes sistemas na loja. Vale lembrar que o campeão de reclamações do Procon em relação a supermercados é a diferença de preços expostos nas gôndolas e o preço final cobrado no *check-out*;

❖ Terminais de informação sobre os produtos, com preço, origem, comparação com outros produtos, dicas; de certa forma, já temos algumas iniciativas nesse sentido;

- Personalização e trabalho dos dados para transformá-los em informação.

A informação a serviço do consumidor

Em muitas situações percebemos que o problema do varejo não é colher a informação, mas, sim, a maneira de lidar com ela, como revertê-la em benefícios ao cliente. Por isso é que se torna cada vez mais importante entender o cliente, saber o que ele procura, o que ele quer e que talvez nem imagine.

A idéia de segmentação dos consumidores, conforme proposta pela loja do futuro (*target group oriented offers*), com mais individualidade por meio das informações provenientes do cartão-fidelidade, é também a proposta do Pão de Açúcar, ou seja, classificar o cliente em, por exemplo, "perfil de abastecimento assíduo sofisticado", com base em dados, como lojas freqüentadas, número de itens comprados, freqüência de compra, tíquete médio, perfil das compras. Esse, certamente, é um esforço que pode aumentar o nível de satisfação do consumidor.

Confiança e segurança do consumidor

Para trabalhar com tecnologias como *self check-out*, os varejistas terão de vencer a resistência cultural do brasileiro e ganhar a credibilidade do consumidor. A versão de *check-out* por RFID, em que os produtos e preços são registrados automaticamente e debitados da conta do cliente, gera muita resistência e desconfiança para o consumidor brasileiro.

Privacidade

Por último, há a questão da invasão de privacidade, da monitoração das atitudes, dos comportamentos e das informações do consumidor. Muitas vezes, isso pode incomodá-lo. Há muita discussão acerca da resistência dos consumidores em estudos de varejos que instalam câmeras para filmar o seu comportamento no ponto-de-venda; existe inclusive a questão ética. Receber e-mails, mensagens sobre refrigerador com os itens que estão faltando, parece uma automatização, uma programação da própria vida.

Conclusão

O varejo vai continuar fazendo parte do lazer das pessoas e das famílias. Consumir é uma atividade que pode ser prazerosa, mesmo que para as compras mais rotineiras. Toda a tecnologia e transformação agregada para proporcionar mais comodidade, segurança, eficiência e satisfação ao longo do processo de consumo só pode ser bem-vinda.

O varejo cresceu e ganhou muitos pontos com sua recente profissionalização. Ser profissional não quer dizer necessariamente distanciar-se do consumidor. Por que não é possível trabalhar no sentido de criar vínculos com o cliente, da mesma forma que a antiga vendinha de bairro?

Qual seria, então, a receita para o sucesso no varejo? Não há fórmula mágica, mas ingredientes que, com certeza, dão muito tempero ao negócio:

1. Definir o PÚBLICO-ALVO.
2. Buscar fontes de VANTAGEM COMPETITIVA.
3. Ter um POSICIONAMENTO CLARO.
4. Adequar o *MIX* DE PRODUTOS E SERVIÇOS às necessidades do consumidor.
5. Entender o papel do PREÇO no processo de decisão de compra e ajustá-lo de modo que garanta rentabilidade.
6. Atender o consumidor ONDE e da FORMA que ele preferir ser atendido.
7. Manter-se presente na mente do consumidor com uma sólida ESTRATÉGIA DE COMUNICAÇÃO.
8. Seduzir o consumidor com base nas experiências proporcionadas em todos os PONTOS-DE-VENDA e contato.
9. Ter na equipe PESSOAS apaixonadas, com muito entusiasmo pelo que fazem.
10. Não parar jamais!

6 Referências Bibliográficas

BLESSA, R. *Merchandising no ponto-de-venda*. São Paulo: Atlas, 2003.

CHURCHILL JR., Gilbert A.; PETER, J. Paul. *Marketing criando valor para os clientes*. 2. ed. São Paulo: Saraiva, 2003.

Classes C e D são o alvo do Barateiro, enquanto o Carrefour mira A e B. *O Estado de S. Paulo*, São Paulo, abr. 2003, Caderno de Economia.

CRESCITELLI, E.; COSTA, Antonio R. *Marketing promocional para mercados competitivos*. São Paulo: Atlas, 2003.

ECR BRASIL. *Gerenciamento por categorias*. ECR Brasil. Coleção 1, livro 3. São Paulo, 1998.

KEEGAN, W.; GREEN, M. C. *Princípios de marketing global*. São Paulo: Saraiva, 2000.

KOTLER, P. *Administração de marketing*. São Paulo: Prentice Hall, 2000.

LEVY, M.; WEITZ B. *Administração de varejo*. São Paulo: Atlas, 2000.

LIMEIRA, J. Professores do Departamento de Mercadologia da FGV-EAESP e Convidados. *Gestão de marketing*. São Paulo: Saraiva, 2003.

LOVELOCK, C.; WRIGHT, L. *Serviços, marketing e gestão*. São Paulo: Saraiva, 2003.

MASON, J. Barry; MAYER, Morris L.; WILLKINSON, J.B. *Modern retailing: theory and practice*, Richard D. Irwin, Inc., 1978

PARENTE, J. *Varejo no Brasil*. São Paulo: Atlas, 2000.

A reinvenção da propaganda. *Exame*, São Paulo, ano 37, n. 806, 26 nov. 2003.

SANT'ANNA, A. *Propaganda, teoria, técnica e prática*. São Paulo: Pioneira, 1998.

SHIMP, T. *Propaganda e promoção*. Porto Alegre: Bookman, 2003.

SOUZA, M.; SERRENTINO, A. *Multivarejo na próxima economia*. São Paulo: Makron Books, 2002.

Capítulo 3
Gestão da Qualidade em Serviços

Henrique Aronovich

Completou seus estudos superiores como engenheiro mecânico no Instituto Tecnológico de Aeronáutica – ITA. Como piloto da Força Aérea Brasileira, voou quase 4 mil horas, tendo realizado os cursos de piloto, aperfeiçoamento e comando e Estado-Maior, dentre outros. Foi gerente de engenharia da Embraer e posteriormente gerente de Qualidade e Serviços ao Cliente da TAM Linhas Aéreas, onde implantou e desenvolveu a cultura da excelência em serviços ao cliente, que fizeram dessa empresa uma referência nacional. É atualmente professor de pós-graduação e MBA da FAAP e exerce consultoria em Serviços ao Cliente.

Dedicatória

À minha esposa, Maria Elisa, pela dedicação, pelo companheirismo e incentivo recebidos, sem os quais este livro não teria sido escrito.

1 Introdução

Quando há pouco mais de 50 anos terminava a Segunda Guerra Mundial, o Japão emergia desse acontecimento mergulhado em uma imensa crise econômica e financeira, sem a mínima credibilidade dos seus bens e serviços.

Vinte anos mais tarde, esse país assombrava o mundo pelas excelentes características de seus produtos, e a partir daí a mágica palavra *qualidade* nunca mais deixou de ser abordada, analisada, discutida e conceituada, milhões de vezes ao ano, em todos os demais países.

Quando a sociedade foi percebendo que, depois da entrega dos produtos, os serviços eram indispensáveis para estabelecer um poderoso clima de confiança entre os compradores e seus fornecedores, nunca mais a qualidade do produto e a qualidade do serviço deixaram de ser proporcionadas pelas *empresas*, que compreendiam as dimensões da qualidade, tinham o foco nos *clientes* e sabiam que sua sobrevivência e seu crescimento dependiam, também, daqueles que na outra ponta adquiriam o que elas produziam.

Como a qualidade dos produtos foi se tornando acessível para a grande maioria das empresas que produziam e/ou comercializavam aquilo que a sociedade desejava, as grandes diferenças entre elas foram diminuindo e a prestação de serviços começou a despontar e chamar a atenção de todos.

Por outro lado, as empresas que não faziam as coisas acontecerem optaram por direcionar suas ações de mercado pelo fator preço, e esse mecanismo tornou-se preferido por elas, que julgavam ser a administração de preços o único fator ou aquele pelo qual a preferência do cliente seria dirigida, quando ele fosse levado a adquirir o que desejava e podia comprar.

Mas a grande reviravolta estava para acontecer ao ser percebido que o cliente exigia algo mais do que um produto de alta qualidade: ele queria características especiais para esses produtos, e passou a exigir, inclusive, ações diferenciadas, ou seja, serviços de qualidade, antes, durante e depois da compra do produto em si ou quando adquiria puramente serviços.

As mudanças na percepção e no comportamento do cliente assumiram papel de extrema importância, o que justifica plenamente a abordagem da *qualidade* e a forma como foi incluída neste texto, para que todos que atuam no mercado possam dar prioridade à qualidade em serviços ao cliente, principalmente para que os agentes que decidem nas empresas tenham sua atenção voltada prioritariamente para essa área, fazendo acontecer a excelência em atendimento ao seu cliente.

Serão vencedoras em todos os confrontos as empresas que oferecerem uma excelente bateria de serviços para aquele que é o juiz final – o cliente.

Cabe então às empresas notáveis e inteligentes formar pessoas, dispor de profissionais maravilhosos que utilizarão a Gestão da Qualidade em Serviços ao Cliente como fator decisivo, que fará pender para elas o sucesso continuado de seus negócios.

Este capítulo apresentará sua contribuição para a melhoria da qualidade em serviços ao cliente, mostrando as ferramentas práticas para se implementar o caminho do sucesso na conquista da liderança e preferência dos clientes.

A Seção 2 abordará as razões para buscar a excelência em serviços ao cliente e agregar valor aos negócios. Essa é a grande interrogação que os dirigentes das empresas precisam esforçar-se em responder, até que todos os funcionários de suas equipes se conscientizem da importância vital de ser alcançado nesse estágio e de que em todas as fases da cadeia de serviços sejam agregados valores que farão a lealdade do cliente uma verdade realística, permanente, e não uma presença ocasionalmente registrada quando ele nos oferece seu 'cartão de freqüência'.

A Seção 3 abordará aspectos valiosos sobre a necessidade de as lideranças disporem de informações imprescindíveis sobre o que querem os clientes. Muitos métodos serão sugeridos, e uma breve apreciação sobre cada um deles será realizada. Sem informações preciosas sobre o que pensam os clientes, quais suas críticas, reações e expectativas, as empresas tornam-se vulneráveis à concorrência, e, pior do que isso, podem começar a perder o foco no cliente, provocando uma perigosa derrocada em pouco tempo.

Trazer a voz do *cliente* para dentro da *organização* pelos caminhos disponíveis é, no mínimo, uma prática que garantirá o seu poder competitivo.

Na Seção 4, ressaltaremos as principais preocupações que os líderes devem ter em relação aos integrantes de suas equipes, escolhendo aqueles que fazem do serviço a excelência de seu desempenho; otimizar o comportamento das linhas de frente e da retaguarda envolvendo seus funcionários é um dos desafios a serem mantidos.

Que linhas gerais e amplas devem estar na mente dos que tomam as decisões, para que uma estratégia objetiva de serviços simples possa existir e ser entendida por todos, é o que apresenta a Seção 5. Ela destaca a importância de direcionar a *cultura de uma empresa* para o atendimento ao *cliente*, pois nesse campo é que devem ser encontrados os fatores vitoriosos que trouxeram o empreendimento até o presente.

Identificar o que o cliente deseja e viver os momentos da verdade constituem a plataforma básica de partida e apoio a todas as ações posteriores.

Lendo e discutindo, veremos que o entendimento da estratégia por todos é fundamental.

A seguir, discutiremos na Seção 6 os cinco *princípios fundamentais da excelência em serviços*, exaustivamente analisados por autores norte-americanos de fama mundial, e que constituem a base para o melhor desenvolvimento de qualquer negócio, desde a mais simples até a mais complexa estrutura de atendimento ao cliente.

Entender muito bem os princípios é fundamental para a explosão do sucesso nas empresas que se propõem a fazer do atendimento o diferencial que faltava, um padrão, um autêntico *benchmarking*, que impulsionará as empresas e seus negócios a níveis de desempenho e lucratividade jamais esperados.

Ganhar a confiança do cliente e atendê-lo com velocidade, poupando perda de tempo, é uma combinação imbatível. Garantir pessoas capacitadas nas posições de atendimento, com boa apresentação e dotadas de empatia, engloba tudo o que é necessário para cativar o cliente, conquistar sua fidelidade, enfim, fortalecer a empresa com uma carteira lucrativa de compradores.

Recuperação e *reconquista* são ações fundamentais que precisam ser empreendidas, quando ocorrerem erros nos processos de servir aos clientes; há que se solucionar problemas durante todas as fases, e essa disposição é exposta na Seção 7.

Todos da linha de frente que atendem os clientes devem ter treinamento e se conscientizar de que, apesar de especialistas em atendimento, encontrarão problemas que precisam ser resolvidos bem e de forma rápida.

Há que se desenvolver conhecimentos sobre tudo o que faz parte da interação entre clientes e atendentes; há que se treinar as habilidades indispensáveis para atender com excelência, encantar em todas as fases e, se possível – por que não? – surpreender o cliente.

Por fim, a abordagem do que é ser humilde no atendimento, do papel de servidores de clientes que todos os profissionais devem assumir, quais os motivos para agradecer aos clientes e o que é sabedoria em servir fecham na Seção 8 a bateria de argumentos, que nos inspiram a prestar ótimos serviços, para que nossas empresas sejam vencedoras e para que nós nos sintamos orgulhosos de alcançar e manter a excelência no atendimento.

O foco no cliente é a única atitude que pode levar as empresas ao sucesso, ao crescimento, à excelência e à lucratividade. Todos os funcionários devem ser conduzidos pelas suas lideranças a trabalhar sempre nos maravilhosos caminhos que objetivem à prestação de excelentes serviços aos seus clientes; por isso, todos aqueles que ocupam postos de decisão nas empresas devem ter em mente que, ao tratar bem seu maior ativo, seus *funcionários*, estarão também conseguindo que eles tratem os *clientes* ainda melhor, e com isso estarão todos construindo uma *empresa* vitoriosa.

2   Razões para Buscar a Excelência em Serviços

Ser considerada uma boa empresa não basta se ela quiser derrotar a concorrência e ganhar a preferência dos clientes. Assim, permanentemente, a excelência em serviços deve ser buscada, porque as boas empresas poderão até ter vida longa, mas só as excelentes poderão crescer e se manter vitoriosas por longo tempo, porque poderão garantir, pelo menos, os cinco aspectos fundamentais:

- ❖ uma clara diferenciação das concorrentes;
- ❖ a fidelidade de seus clientes;
- ❖ uma competição saudável com agregação de valores;
- ❖ lucros constantes;
- ❖ automotivação de seus colaboradores.

2.1   Uma Clara Diferenciação das Concorrentes

Uma pergunta que surge freqüentemente é: Em quais áreas e em que valores percentuais nossa empresa deve estar à frente da concorrência?

A resposta poderia ser: em todas as áreas, se possível, e pelo menos com 1% a mais do que todas. Quanto maior a vantagem desejada em termos percentuais, mais difícil será a nossa tarefa e, também, muito mais dispendiosa de ser alcançada e mantida.

O atleta que bate o recorde mundial em uma corrida de 100 metros, o toque da mão do campeão olímpico na parede da piscina e a fotografia do

Varejo e Clientes

focinho do cavalo puro-sangue são alguns dos momentos incríveis nos quais os grandes campeões se consagram.

As empresas com excelentes serviços aos clientes garantirão sempre uma nítida diferenciação das concorrentes, venderão mais e poderão crescer continuadamente. No mercado, independentemente dos níveis de competição, há lugar para abrigar todos os vencedores nas suas respectivas áreas, até onde haja clientes com recursos e disposição para adquirirem seus produtos e serviços.

2.2 A Fidelidade dos Seus Clientes

As empresas sonham quando consideram ser eterna a lealdade de seus clientes. Essa só é verdadeira parcialmente e enquanto convém a eles. Esperar que uma simples distribuição de bonitos cartões, com lindos e atraentes *layouts*, alcance essa finalidade é subestimar a inteligência e a análise de seus consumidores na hora da compra. Quando muito, eles desempenharão a função de cartão de ponto não obrigatório.

A verdadeira fidelidade do cliente aos produtos e serviços prestados pelas empresas aparece, sedimenta-se e é mantida, no momento em que a excelência em serviços é constante, agradável, crescente, inovadora e, sobretudo, quando o cliente recebe o tratamento que merece por ter exercido sua opção de compra direcionada a essas empresas.

Um ponto importante que merece ser lembrado é que, se os períodos de fidelidade hoje não são muito longos, as inúmeras opções existentes diminuem a fidelidade do cliente. Durante muitos anos, acompanhei passageiros da TAM que eram *frequent flyers*, mas que nas suas maletas tinham quase sempre passagens alternativas de outras empresas, para utilizá-las quando a premência do tempo e dos compromissos não permitissem aguardar o próximo vôo daquela por quem tinham a maior preferência.

Muitas empresas parecem não levar a sério que a lealdade dos clientes pode aumentar muito seu faturamento.Vemos com bastante freqüência campanhas destinadas a conseguir mais e mais clientes novos, oferecendo vantagens como: prazos dilatados para pagamento, brindes e muitas facilidades que não são oferecidas aos clientes antigos. Estes começam a pensar se vale a pena continuar com a antiga parceria que nunca lhes recompensou pelos

• 98 •

pagamentos em dia, pelas compras de tantos anos e recomendações para outros clientes. Ao contrário, se atrasar um pagamento, eles vão arcar com as mesmas conseqüências de quem tem um relacionamento recente.

Claro que uma empresa que assim procede dificilmente será uma excelente prestadora de serviços, e sucumbirá na vala comum.

2.3 Uma Competição Saudável com Agregação de Valores

Se a tecnologia, os produtos e serviços estão mais facilmente ao alcance da maioria dos fornecedores, as preferências dos clientes se voltarão para aqueles que agregarem valores no momento das possíveis interações com esses clientes.

Agregar valor é dar mais ao cliente pelo que ele paga, e essa é uma das formas mais poderosas de diferenciação e competitividade. Nem sempre agregar valor significa incorrer em aumento de custos, como brindes, maiores prazos e facilidades de pagamentos, garantias maiores, entrega em domicílio, com ou sem hora ou período marcado, diversões gratuitas, comidas e aperitivos por conta da casa etc.

Interesse genuíno, sorriso franco e aberto, saudações calorosas, posturas adequadas, cortesia e empatia são alguns dos valores que não lhe custarão muito e agradam a seus clientes, criam um ambiente sincero, caloroso, acolhedor, e, mais do que tudo, propiciam retorno sobre seus investimentos e a certeza de excelentes resultados.

Competir em preços está ao alcance de todas as empresas, que podem regular seus controles diminuindo até limites que não lhes deixam margem alguma; serão vencedoras aquelas que entregarem valores apreciados pelos clientes, que as recompensarão pela lealdade ano após ano.

Recentemente, na edição de 28 de março de 2005, a página de Negócios do jornal O Estado de S. Paulo estampou: "Serviços, a arma dos hipermercados", que com preços parecidos, na visão do consumidor, grandes redes buscam novas estratégias para segurar os clientes.

Então, facilidades de um local seguro, com monitores para deixar crianças, oferta de cursos, balanças nos caixas, empacotadores, entrega das compras a domicílio, vendas pela Internet, farmácias, postos de combustíveis etc., tudo isto e mais algumas opções serão ótimas armas para assegurar a fidelidade dos clientes.

Veja um outro exemplo que assistimos diariamente: farmácias competindo entre si unicamente com base em preços e facilidades de pagamento. Os descontos podem chegar a 70%; vi um cartaz anunciando um desconto de 80% na compra de remédios genéricos.

O que quase não se vê é vontade de prestar um excelente serviço, empatia e querer servir, e estas deficiências podem ser superadas com liderança em serviços e bastante treinamento.

2.4 Lucros Constantes

Uma empresa que atinja a excelência e seja percebida como tal pelos clientes assegurará nos seus balanços os lucros tão desejados. Exceto nos acontecimentos inusitados, verdadeiros *acidentes de percurso*, como catástrofes, revoluções sociais, instabilidades graves da economia, etc., as empresas excelentes apresentarão resultados positivos.

Leonard L. Berry, em *O espírito do serviço*, realizou um amplo estudo sobre 14 empresas de classe mundial, excelentes prestadoras de serviço, intrigado por uma característica comum: todas eram reconhecidas pelos seus clientes devido aos incríveis serviços e também apresentavam, sem exceção, a grande totalidade de balanços lucrativos ao longo de sua existência. Em um magnífico quadro de exemplo, elas totalizavam 407 anos de existência e 402 anos de lucro!

Isso demonstra claramente que existe uma forte relação entre a prática da excelência em serviços e o constante lucro auferido.

2.5 Automotivação dos Colaboradores

Os colaboradores de empresas excelentes têm orgulho delas, atingem elevados estágios de motivação sem que líderes predestinados os possam levar às alturas somente pelo uso de discursos ou palestras de incentivo. Seus funcionários terão orgulho de utilizar uniformes, crachás ou qualquer outro símbolo que os identifique com a empresa à que pertencem.

Isso já é mais do que meio caminho para bem atender e encantar seus clientes.

Uma excelente escola de samba que é aplaudida delirantemente pelo público leva seus componentes a um elevado nível de automotivação, que os torna capazes de desfilar com milhares de figurantes em um tempo rigidamente controlado, e tudo isso com carros, equipamentos e outros itens, num raro exemplo de organização e vibração.

Os funcionários que consideram sua empresa um lugar ideal para trabalhar, que a recomendam a amigos e familiares, são capazes de prestar serviços excelentes, pelo elevado grau de energia obtido.

CASE

É Aqui o Shopping Que Procuro?

Certa ocasião em que estava avaliando uma das lojas da cadeia Panashop, durante uma das fases de um programa de consultoria, tive que me deslocar até o Shopping Aricanduva, que se situa na zona leste, ou seja, no outro extremo da capital São Paulo, para mim, morador da zona oeste. Como eu não estava habituado a dirigir para aquela região, estudei várias vezes os mapas das ruas. Decidi ir com minha esposa, num sábado, ela dirigindo e eu fazendo a navegação nesse *"rally"*, pensando se iríamos nos perder ou sair em um local oposto ao que procurávamos.

Depois de uma interminável hora e meia, muitas voltas e perguntas, cheguei em um local que tinha a aparência de shopping, mas talvez devido à posição em que o carro tinha parado encontrei-me junto a um portão, onde estavam um segurança e uma moça distribuindo *folders* de propaganda. Perguntei-lhes:

– Por favor, é aqui o Shopping Aricanduva?

– Como?, ela me respondeu.

Diante dessa dúvida, fiquei gelado por dentro, pois depois de todo aquele esforço, seguindo ruas e direções sem muita convicção, mas, com muita aplicação, como eu poderia ter me enganado daquele jeito?

Tornei a perguntar, quase em um apelo e buscando a sua concordância: "Aqui não é o Shopping Aricanduva???"

– É sim, ela me respondeu em seguida.

– Então, por que a senhorita respondeu-me "como"?, isso já elevando o tom de minha cobrança.

Ao que ela retrucou em seguida: "E por que o senhor está chamando a minha atenção?", e prosseguiu reclamando, resmungando sua má sorte e despejando nesse cliente suas insatisfações! Ela provavelmente não tinha assimilado que seu emprego foi criado por aquele que estava procurando onde era o Shopping Aricanduva!

Varejo e Clientes

Moral da história: Como o cliente sempre tem razão, e esta, em princípio, deve ser a postura nos atendimentos, quem terceiriza é o responsável por orientar e exigir das empresas contratadas que treinem seu pessoal para servir os clientes.

3 Obtenha Informações para a Sua Superioridade em Serviços

Cada vez mais rápido, as condições de competitividade são alteradas, e o que era adequado ontem não será muito efetivo hoje. Os executivos das empresas terão cada vez menos tempo de criar e implementar serviços de qualidade elevada. São tantas as questões, que se torna necessário estar sempre na linha de frente, observando, acompanhando e decidindo; ouvindo os clientes, pesquisando, anotando, discutindo e criando toda a sorte de métodos e processos que nos permitam obter informações preciosas para a condução dos negócios.

Das inúmeras definições de *qualidade*, temos uma que nos parece simples, ampla, objetiva e clara: "Qualidade é definida pelo cliente, dentro do que ele se dispõe a pagar".

Então, qualquer metodologia para coletar informações sobre qualidade em serviços deverá ouvir primeiro seus clientes, antes de pensar em destinar quaisquer recursos para a melhoria dos serviços. Claro que os atendentes serão sempre uma fonte riquíssima a ser considerada.

Podemos sugerir alguns métodos práticos ao alcance das empresas, por meio dos quais a qualidade em serviços poderá ser constantemente monitorada e medida, para a melhora contínua dos serviços.

3.1 Alguns Métodos Sugeridos

Se você quiser ser uma empresa líder, não implante imediatamente quaisquer um dos métodos a seguir, pois este caminho tem 7 sílabas e haverá tempo suficiente para que a concorrência o alcance.

Faça acontecer **agora** *(3 sílabas) ou, se for possível,* **já** *(1 sílaba)!*

• 102 •

3.1.1   Avalie as Transações

Você deve acompanhar o atendimento, observar e ouvir seus clientes e atendentes, avaliar todas as etapas da prestação e do recebimento de serviços. Assim, em tempo real, poderão ser analisadas as percepções e satisfações. Por incrível que pareça, poucos líderes em serviços aparecem na linha de frente onde os clientes estão sendo atendidos; apenas pela observação ou mantendo simples diálogos, os executivos podem rapidamente avaliar desempenhos, corrigir desvios e colher informações preciosas que ajudarão a gerir melhor seus negócios. O exemplo dado pelos dirigentes do mais alto nível é fundamental para que seja incutida na cabeça dos atendentes a cultura de que "esta empresa é minha, eu resolvo, eu posso"!. Este método pode ser aplicado por qualquer colaborador treinado pelos líderes que conduzam o negócio. É uma das mais poderosas ações e pela facilidade de implantação está ao alcance de qualquer empresa independentemente de seu tamanho.

Você decidirá como fazer, gravando, filmando, perguntando, distribuindo questionários etc. Atenção para este pormenor: aqui você avalia seus clientes, pois seus não-clientes serão envolvidos pelo método seguinte.

3.1.2   Pesquisa de Mercado

Este é um método bastante conhecido, aplicado em levantamentos de grandes áreas geográficas ou populacionais. Em geral, o custo é elevado, ao alcance de grandes empresas que querem abranger clientes diversos, quer estejam comprando seus serviços quer sejam compradores em potencial.

Outra característica é que ele permite avaliar a prestação de serviços de empresas concorrentes e de fornecedores não só no momento da transação, mas ao longo de períodos considerados.

3.1.3   Visitas a Clientes

Por que não visitar seus clientes periodicamente, mesmo que o objetivo não seja vender?

Os líderes e atendentes de empresas que caminham para a excelência visitam seus clientes com freqüência, para abordar tanto aspectos de satisfação quanto para ouvir reclamações e sugestões; e, além disso, para saber

Varejo e Clientes

também que pontos precisam ser melhorados e o que a empresa pode fazer por eles. A disposição para cooperar será bem maior se essas visitas forem realizadas por executivos com poder de decisão.

Na hora de selecionar quais clientes devem ser visitados, não se esqueça de visitar todos aqueles que contribuem significativamente para a melhor escala dos seus negócios.

Um exemplo bastante interessante foi uma prática da TAM realizada no fim de cada ano por ocasião das festividades natalinas. Desde o presidente e todos os executivos até os colaboradores do nível de supervisão recebiam a incumbência de visitar, pelo menos, cinco clientes que mais viajaram nas aeronaves da empresa, presenteando-os com lindos brindes. Além de fazer uma magnífica surpresa ao cliente, eles recebiam depoimentos que sugeriam melhorias, aperfeiçoando cada vez mais os serviços.

3.1.4 Cliente Fantasma

Um dos melhores métodos para obter informações sobre sua qualidade em serviços é por meio da utilização de 'pesquisadores fantasmas', que percorrem os mesmos passos dos clientes, mas, claro, sem serem identificados ou percebidos. Eles avaliam todos os processos, registram os atendimentos e analisam como anda sua empresa na prestação de serviços.

Uma das empresas que aplica este método com bastante sucesso é a TAM Linhas Aéreas. O passageiro fantasma faz ligações para a central de reservas, adquire sua passagem, faz o *check-in*, viaja, despacha malas e pacotes de carga, enfim, tira a limpo todo o atendimento que os passageiros estão experimentando nas suas viagens.

No final, como produto, é produzido um *relatório* que será exaustivamente analisado e discutido em reunião, na qual todos os executivos responsáveis pelas áreas abrangidas tomarão decisões imediatas para que sejam produzidas as correções necessárias à melhoria dos serviços. Dois participantes especiais têm seus lugares de honra garantidos nas cabeceiras da mesa de reuniões: o líder executivo que conduz os trabalhos e o passageiro fantasma (neste caso um manequim).

Atenção para este tópico: só o relatório não é suficiente para produzir os efeitos desejados; a reunião complementa, completa e produz as linhas

Gestão da Qualidade em Serviços

de ação para nortear a empresa na sua rota de melhorias. Para este método funcionar otimamente, é necessário que as reuniões sejam conduzidas e administradas por um *expert* e profundo conhecedor do atendimento e processos da empresa; o líder da reunião deve ser um executivo de alto nível e todos os responsáveis pelas áreas visitadas devem estar presentes, municiados com todas as informações esclarecedoras e linhas de ação, para que saiam dela com decisões tomadas.

3.1.5 Grupos de Foco de Funcionários

Seus funcionários podem ser convocados para discutir e opinar sobre problemas específicos de atendimento que estejam ocorrendo ou para fornecer *feedback* sobre alterações e mudanças operacionais. Tenha certeza de que seu pessoal da linha de frente está captando uma grande quantidade de informações com os clientes e que possa passá-la aos níveis gerenciais, com sugestões de melhorias e perspectivas úteis e diversas. Eles gostarão muito de serem ouvidos e de colaborar para o crescimento da empresa para a qual trabalham.

3.1.6 Painéis de Clientes

Embora não muito difundido, este método para obter informações de clientes é uma opção bastante interessante, pois concorre para reforçar o treinamento das equipes de duas maneiras:

1. Aquela na qual a empresa convida alguns clientes para uma reunião descontraída, em geral à noite. Em uma sala bem confortável e com o auxílio de um especialista, questões vão sendo colocadas para análise e trocas de pontos de vista, gerando um amplo debate até que o encaminhamento específico conduza os participantes a abordar só pontos referentes à prestação dos serviços da empresa-foco da reunião. Os principais executivos da empresa acompanham os debates sem participar.

2. Aquela na qual uma câmera filma os clientes durante o processo final das compras, registrando suas considerações sobre as diversas fases do atendimento. Posteriormente, diversos quadros são mon-

Varejo e Clientes

tados com o material, servindo como filme de treinamento para toda a organização.

Apesar de este método parecer mais trabalhoso, os efeitos sobre suas equipes são consideráveis, pois estarão face a face com as críticas e sugestões dos clientes e – por que não? – com os elogios!

3.1.7 Rastreamento dos Clientes Que Se Afastam

Nenhuma empresa deve se esquecer de sempre acompanhar as transações de seus clientes já conquistados, afim de evitar que afastamentos precoces, queda na solicitação de serviços, tragam problemas futuros.

Na ânsia de conquistar novos clientes, as empresas freqüentemente se esquecem dos já fiéis e antigos, deixando de lado a máxima: *clientes novos custam mais até serem conquistados e levam bastante tempo até comprarem mais, como os antigos.*

Os clientes se afastam por várias razões: mudanças de empresa, de cidade; falecimento; mau atendimento etc. Mais importante entretanto é rastrear essa diminuição das transações e verificar que causas estão concorrendo para que as insatisfações cresçam. Não custa relembrar que os clientes é que fazem um favor quando procuram sua empresa para comprar os produtos ou serviços de que necessitam; sua empresa não faz nenhum favor, e se não conseguir encantá-los é provável que seu concorrente o suplante.

Faça este método acontecer na sua empresa ao rastrear uma amostra de quem comprava significativamente seus serviços e que agora não o faz mais.

Você poderá ter muitas surpresas, mas no final terá descoberto o que fazer, o que corrigir, para restabelecer um pouco da confiança perdida e continuar sua caminhada para a excelência em serviços.

3.2 Crie Canais entre o Cliente e a Empresa

Saber ouvir o cliente seja talvez um dos mais duros aprendizados pelos quais passam os atendentes de empresas que querem se diferenciar pela excelência dos serviços prestados. Quaisquer dos métodos vistos anteriormente necessitam que haja canais, por meio dos quais a voz do cliente se faça ouvir. Mesmo as pequenas empresas, e, claro, os prestadores individuais de serviços, precisam conhecer o que pensam seus clientes, suas expectativas, reclamações e sugestões.

Caixas de sugestões, telefone, fax, internet, pesquisas, entrevistas etc. são alguns dos canais sugeridos. Dê bastante atenção às despesas que seus clientes possam ter para entrar em contato com sua empresa: que tal você pagar as despesas postais? Que tal sua empresa dispor de um serviço 0800 em vez de 0300, 4000 ou qualquer outro que o cliente abomina por ter de pagar para fazer valer seus direitos?

Temas para discussão na sua empresa

1. A voz do cliente é ouvida com freqüência? Existem postos de escuta e canais de comunicação? As informações colhidas são utilizadas?
2. Cite algumas decisões já tomadas com base nessas informações e que influência tiveram sobre o aprendizado da qualidade em serviços?
3. Explique como essas informações são processadas e repassadas para as diversas áreas envolvidas e exemplifique que melhorias foram implementadas?

CASE

Sorvete *Diet*: Como É Difícil Encontrar Sabores!!!

Enquanto minha esposa olhava os móveis em um grande centro especializado, eu saí para procurar uma sorveteria onde talvez pudesse encontrar sabores diferentes do famigerado trio: creme, baunilha e chocolate. Aí está uma grande oportunidade de negócios, se houvessem muito mais opções *diet*.

Depois de dar várias voltas, localizei uma sorveteria no segundo andar, e fui me aproximando. Como eu já tinha percebido, a atendente estava de cabeça baixa. Ora, posso dizer, pela experiência das observações efetuadas, que toda vez que os atendentes aguardam o cliente nessa posição ou estão digitando o atendimento não será bom.

Parei na frente da vendedora, sem fazer nenhum barulho, pigarrear ou dizer: psiu, boa-noite etc.

Aguardei pacientemente por 10 a 20 segundos, quando então ela foi levantando a cabeça e ficamos nos olhando; esperei algum sinal de vida, mas não veio; aí pensei: "Vou iniciar um rápido treinamento". Comecei a sorrir e, ao receber um início de sorriso em resposta, disse-lhe:

Varejo e Clientes

– A senhorita acertou na loteria? E ela respondeu:

– Claro que não, pois se eu tivesse ganho não estaria mais aqui!

– Talvez sim, pois aqui seria um bom disfarce, e isso a livraria de possíveis seqüestros, respondi; e em seguida perguntei se tinha sorvete *diet* de outros sabores, que não os mencionado na lista.

Claro que a resposta foi negativa, com a conversa evoluindo para sorvetes, sabores, atendimento, sorrisos e simpatia. Nessa altura, ela já estava à vontade, *mui* amiga do cliente, oferecendo com delicadeza e atenção cada sabor para ser provado. Nesse ponto, adiantei:

– Por favor, dê-me duas bolas! e ela respondeu em seguida:

– Leve três sabores, pois é uma promoção!

Veja só, no início, quando eu observava de longe, ela parecia um zumbi, inerte, sem vida, expressão, calor e emoção. Com essa interação, seu atendimento cresceu, evoluindo de apático e medíocre para bom, no caminho certo para melhorar muito.

Onde está o dono do negócio que pensa em juntar máquinas a robôs e assim vender? No máximo, ele irá lamentar que o seu negócio não dá lucro, que as vendas são baixas etc., ou qualquer outra lamúria.

4   Liderança em Serviços É Comportamento Vencedor

Dentre os pontos positivos do líder, um merece real destaque: inspirar seus seguidores. Assim, a excelência em serviços ao cliente será buscada em todas as áreas e níveis da empresa, pois todos estarão convencidos de que a qualidade desejada pelos clientes é factível, está ao alcance, bastando para isso muito trabalho, garra, obstinação e continuidade.

Líderes em serviços buscam orientar seus liderados transformando sua maneira de pensar; buscam também convencer toda a organização de que nos tempos atuais a verdadeira diferença não será conseguida e mantida somente com os produtos e serviços. Esses estão ao alcance de todos os concorrentes, mas a verdadeira diferença estará na excelência do atendimento, nos valores agregados, no foco no cliente e na presença de atributos próprios.

Então, que atributos devem ter os líderes em serviços?

4.1 Percepção do Que É a Excelência em Serviços

Esta percepção mantém as empresas permanentemente sintonizadas na busca do mais alto nível de prestação de serviços, que, uma vez atingido, as abrigará em uma posição confortável, na qual poderão permanecer auferindo lucros e distantes da concorrência.

Alguns aspectos desta percepção são muito importantes:

❖ *Ter em mente e no coração que o cliente, quando entra na sua empresa, está fazendo muito mais do que uma compra ou uma simples transação.*

A maioria das empresas quase só considera importante e só pensa em metas de vendas, *market share*, lucros, estoques, mercados etc. É natural, pois são fatores imprescindíveis à condução dos negócios, mas sem clientes nada disso terá sentido.

As empresas que fazem acontecer as diferenças inovam, agregam, pensam, discutem tudo o que atrai e mantém os clientes.Veja o exemplo da rede de supermercados Pão de Açúcar, que cria enormes diferenças em relação à concorrência quando oferece em suas lojas cadeiras para idosos e para pessoas deficientes, vagas confortáveis nos estacionamentos, água, café e caixas com atendentes especiais. Os líderes que percebem o que é a excelência em serviços sabem que a compra de produtos e serviços não se resume a uma simples troca por dinheiro; eles sabem que a compra é a materialização de poder, sonhos e satisfação pessoal.

❖ *Dar grande importância tanto aos detalhes quanto aos diferentes aspectos dos serviços fornecidos.*

A *liderança em serviços* é rigorosa no acompanhamento e na execução de todos os processos, dando ênfase sempre aos detalhes que encantam e fazem a diferença. Como referência, temos a TAM, *benchmarking* das empresas que atuam no transporte de passageiros de aeronaves no Brasil. O apoio ao embarque e desembarque de passageiros com dificuldades de locomoção sempre mereceu uma atenção especial, pela colocação de cadeira de rodas nos pontos de embarque e desembarque, inclusive incorporando um moderno modelo, cuja disposição de três pares de rodas defasadas de 120 graus e acionadas por um motor elétrico permite subir e descer as escadas das aeronaves, com todo o conforto e sem constranger seu ocupante.

❖ *Ser fanático em manter tudo organizado e limpo.*

Os líderes em serviços vão ao extremo em exigir, treinar e ensinar os atendentes para manter a arrumação e organização de todo o ambiente que acolherá os clientes e eles próprios; como sabem que uma recomendação é insuficiente, passam esses conceitos permanentemente.

Um dos aspectos que os clientes dão muito valor é a limpeza das instalações e principalmente dos toaletes. Os postos de gasolina que quiserem fazer alguma diferença poderão começar por este aspecto como um item a mais. E o que você diria dos estabelecimentos que lhe emprestam a chave dos banheiros presa a um grande tacape de madeira, que você deve carregar para ter acesso a um ambiente nem sempre oxigenado?

Ressalvadas as exceções, os líderes em serviços que atuam no varejo de roupas, supermercados, sapatos, entre outros, jamais poderão tolerar arrumações inadequadas, ausência de limpeza, falta de produtos, sinalizações insuficientes e confusas etc.

❖ *Entender a sua empresa como parceira dos clientes e comprometida com o sucesso deles em seus objetivos de comprar.*

Aqui, o líder em serviços busca passar para toda a sua equipe que a empresa deve ajudar seus clientes a encontrar o que precisam e a sentir-se bem-sucedidos em seus propósitos de compra. Se o cliente estiver contente e feliz, a empresa realmente foi sua parceira, independentemente dos valores envolvidos na aquisição. Vender é o objetivo natural dos fornecedores e é vital para qualquer empresa, pois foi para isso que elas se estabeleceram e iniciaram suas atividades; mas nunca esquecer que a atenção ao cliente deve vir em primeiro lugar, e que em alguns momentos ele só quer um pouco da atenção da linha de frente.

Uma orientação extraordinária transmitida pelo alto executivo Carlos Ghosn (da empresa japonesa Nissan, ao Departamento de Engenharia e Desenvolvimento de Produtos, foi a de que o foco sendo o cliente os projetos deveriam ser orientados para o que ele gostaria de encontrar nos carros fabricados pela empresa, muito mais do que os engenheiros poderiam pensar além dos rígidos fatores de projeto. Esse estilo de liderança voltada para o cliente certamente foi um dos fatores principais para a arrancada da Nissan.

❖ *Servir de exemplo para todos os funcionários.*

Para ser vencedor em todas as frentes e momentos, um líder em serviços deve dar o exemplo a seus liderados. Marcar sua presença na linha de frente em que as transações estão ocorrendo, na qual o cliente está interagindo com os atendentes e todos os aspectos dos serviços prestados podem se manifestar é o verdadeiro papel do líder em serviços.

Um dos exemplos notáveis que vivenciei por muitos anos foi o desempenhado pelo falecido comandante Rolim, da TAM. Seus funcionários recebiam sugestões e treinamento desse grande líder a todo instante, verdadeiro paradigma para aqueles que tiveram a oportunidade de conviver com ele. Os passageiros que utilizavam as aeronaves da empresa foram testemunhas oculares desse soberbo desempenho.

Um verdadeiro líder em serviços inspira seus seguidores a realmente vestir a camisa da empresa e a buscar incessantemente a excelência no desempenho e na prestação de serviços em todas as suas fases.

4.2 Gostar do Que Faz

Os clientes são a razão do nosso negócio.

Esta colocação só estará na mente e no coração dos executivos que realmente gostam do que fazem. É uma atitude imprescindível para os líderes em serviços. Se você ouvir de executivos ou de atendentes que os clientes atrapalham, são chatos, são do tipo 'caroço', pode ter certeza de que são seres de outro planeta, porque neste em que habitamos não há negócio que possa existir ou prosperar sem a presença do cliente. Reforce, então, permanentemente com os seus atendentes as seguintes posturas:

Varejo e Clientes

❖ *Sorria sempre: o cliente quer vê-lo assim.*

Clientes não gostam de expressões faciais sérias, emburradas, pesadas, tristes, na grande totalidade dos atendimentos. Sua linha de frente deve saber que expressões faciais pesadas exigem um esforço muscular muito maior do que para sorrir. Sorrir é fácil, gostoso, cria uma atmosfera sensacional no atendimento, e todos se sentem bem.

Quando sua empresa contratar um futuro atendente, dentre outros itens da seleção, é fundamental que ele saiba e goste de sorrir. Não se esqueça de deixar bem claro que os atendentes devem sorrir, pelo menos, no início e no fim do atendimento; durante, dependerá das interações com o cliente. Se não houver interação, e toda linha de frente se apresentar sorrindo o tempo todo, os clientes podem pensar: "Poxa, só tem maluco aqui!". Como toda regra tem exceção, esta não vale nos velórios, UTIs, acidentes e afins.

❖ *Faça os clientes seus amigos.*

Os atendentes devem ser alertados para que não tratem os clientes com intimidade: não os toquem, dêem tapinhas nas costas, apertem-lhes a mão nos cumprimentos, segurem nos braços e outros toques.

E com o jeitinho brasileiro os beijinhos são permitidos? Depende da cultura da região e do tempo de conhecimento entre atendentes e Clientes. Se possível, manter a distância e tratar respeitosamente.

Não se esqueça de que os amigos se tratam pelo nome; sempre procure obter tão logo quanto possível o nome do seu cliente.

❖ *O cliente quer ver os chefes.*

Uma empresa que deseja chegar ao nível de excelência mantém o cliente no foco de sua atenção, faz reuniões diárias, rápidas ou não, e seus executivos estão freqüentemente na linha de frente em que o cliente está. É ali que se ganham as batalhas, onde estão todas as interações necessárias que produzem elogios, críticas e sugestões. Quanto mais os chefes vivenciarem as ocorrências, mais aprenderão.

Os executivos presentes no instante da prestação dos serviços, junto com os clientes estressados, nervosos, preocupados, vão se expor, é claro,

• 112 •

mas essa exposição é a têmpera de que precisam para se fortalecer, melhorando cada vez mais os serviços que prestam.

Em uma reportagem da revista *Exame* (20 mar. 2002), lemos que pela orientação do diretor-geral da Telefônica de São Paulo foi dada uma enorme ênfase na presença dos diretores junto aos clientes, tanto que são pedidos aos executivos que relatem suas experiências pessoais com os clientes; o vice-presidente tira dois dias da semana para estar na linha de frente. Não será surpresa que essa modificação cultural transforme a Telefônica e em breve surpreenda o mercado.

❖ *Procure a perfeição, sempre há algo para melhorar.*

Cuidado! Se você, líder em serviços, considerar um dia que já aprendeu tudo, adotar posturas arrogantes e achar que sua empresa já está fornecendo o melhor nível de serviços, provavelmente você e sua empresa estão na descendente e a caminho do precipício.

Considere sempre que há algo para melhorar, pois a única certeza que se pode ter hoje é de que tudo está mudando. As tecnologias evoluem rapidamente, as expectativas dos clientes estão em constante mutação, os *insights* mudam freqüentemente, novos serviços e conceitos são incorporados quase todos os dias. Como diz Lulu Santos: "Nada do que foi será...".

As melhores práticas recomendam reunir diariamente as equipes, por 5 a 10 minutos, não mais; aborde os atendimentos, ocorrências e faça recomendações do tipo: 'melhorar todos os dias, sempre um pouquinho, já é ótimo!'.

❖ *Você é a imagem de sua empresa.*

Os líderes em serviços encarnam o espírito de suas empresas porque gostam do que fazem. Ensine e treine sempre seus atendentes a respeito do fato de que os clientes não fazem distinção entre eles e a empresa que lhes vende os serviços. Inspire o orgulho nos atendentes da linha de frente e também nos que estão na retaguarda apoiando os primeiros.

A verdadeira modificação cultural começa a despontar quando os colaboradores expressam seu orgulho pelo que fazem, pelo que representam e pelos excelentes serviços que estão fornecendo.

Varejo e Clientes

4.3 Acreditar nos Funcionários

Os líderes em serviços acreditam que seus funcionários sempre poderão melhorar e atingir padrões superiores de desempenho, ou seja, valorizam o tempo todo seus potenciais.

Eles fornecem os meios adequados, pois sabem que, sem recursos materiais e tecnologia, a prestação de serviços será prejudicada e os clientes não ficarão satisfeitos com tempo perdido e erros cometidos.

Como vimos anteriormente, além de serem executivos, os líderes em serviços dedicam muito de seu tempo ao treinamento dos funcionários, passando-lhes constantemente as razões para a busca da excelência, inspirando uma fantástica atenção aos detalhes e também às razões para acompanhar os processos do atendimento, melhorando-o cada vez mais.

Todas as empresas devem ter regras e normas a cumprir, no entanto, incorporar valores certos é imensamente desejável, como sorriso, calor nos cumprimentos, iniciativa, vontade de servir e sempre muito bom senso para resolver os problemas que se apresentam.

Os líderes também dão prioridade e importância à comunicação e aos programas de treinamento de todos; eles sabem que sem essas atividades desenvolvendo-se de forma contínua as melhorias serão esporádicas, a empresa será ultrapassada e vencida inapelavelmente. Se houver falhas, o espaço vazio será preenchido pela concorrência, que certamente não perderá o foco no cliente.

4.4 Ética – Transparência

Acredite nos seus Clientes.

Antes de tudo, pode-se dizer que empresas vencedoras e com longa tradição no mercado são honestas, éticas e confiáveis, e dessa forma desenvolvem sua cultura em relação ao cliente.

Muitas vezes, por diversas razões, uma transação não foi bem-sucedida. Que orientação, linhas de ação, podem os líderes passar para os atendentes?

• 114 •

1. Os clientes são inocentes até que se prove o contrário

Se a sua empresa seguir a linha de que todos são culpados até que se prove o contrário, perderá a ótima oportunidade de desenvolver uma postura positiva de que o cliente não vive para tirar proveito ou vantagens indevidas nas transações. Os dados comparativos entre uma pequena quantidade de aproveitadores diante do total de seus atendimentos mostrará que esta postura é a correta, o que facilitará muito as atitudes de seus atendentes.

2. Tire ensinamentos do ocorrido

A experiência no atendimento é a melhor têmpera e o caminho para amadurecer sua linha de frente e para que ela trate os clientes com respeito, consideração e estima, vendo neles não aproveitadores a combater, mas, sim, a parte indispensável para o crescimento e manutenção dos empregos.

Fazer reuniões diárias (informais, de 10 minutos) em todas as frentes de atendimento com seus colaboradores, relatando as experiências ocorridas, debatendo e tirando lições, é uma ótima maneira de caminhar para a excelência e com ela auferir lucros crescentes.

3. Defenda seus clientes

Crie um clima em que os defensores de clientes possam existir, pois em virtude do desgaste da vida moderna e níveis culturais variáveis, os atendentes podem ver nos atendimentos pessoas que querem confrontá-los, desafiá-los ou desrespeitá-los. Se for o caso de empresas grandes, crie a figura do *ombusdman*, mas isso não é necessário quando a cultura da empresa está direcionada para servir com excelência.

Em resumo, é bom decorar estas lições:

- ❖ Sem os clientes, nosso negócio não existe!
- ❖ Cuide bem de seus clientes, antes que o concorrente o faça!
- ❖ Forneça aos clientes o que eles precisam!
- ❖ Sorria sempre, pois os clientes querem vê-lo assim!
- ❖ Você é a sua empresa! Você vende a sua imagem!
- ❖ Esteja na linha de frente: apareça!

Varejo e Clientes

4.5 Atitude É o Que Importa

Artigo 1º O cliente sempre tem razão.

Artigo 2º Caso o cliente não a tenha, releia o Artigo 1º.

Criada por Stew Leonard, fundador da maior loja de laticínios em Norwalk, Connecticut, Estados Unidos, a citação acima foi gravada em uma rocha de três toneladas, que fica na entrada de seus estabelecimentos, para ser vista diariamente por todos os funcionários e clientes. Sua empresa fatura aproximadamente US$ 31 mil por ano, por metro quadrado, enquanto a média do mercado americano não passa de US$ 5 mil.

Ele não vende muitos itens diferentes de suas centenas de concorrentes. Então, como explicar essa incrível supremacia? Segundo Tom Peters (revista *Exame*, 12 jan. 2000), "eles transformaram em prazer o ato de comprar".

Os serviços aos clientes fazem a diferença, pois produtos, tecnologia e instalações estão ao alcance de todos. Serão vencedoras as empresas que trabalharem obstinadamente na busca da excelência!

Eu gostaria de acrescentar aos artigos acima um parágrafo que reforça bastante o entendimento e a compreensão da linha de frente e também da linha de retaguarda que a apóia: *O cliente nem sempre tem razão, mas sempre será nosso cliente.*

Ou seja, as discussões com os clientes devem ser evitadas; mesmo que você ganhe, é quase certo que os perderá. Eles, às vezes por desconhecimento ou até por erros de comunicação causados pelo marketing ou pelos atendentes, julgam estar certos conforme entenderam e ajustaram seu referencial.

Procure entender e resolver a insatisfação que se estabeleceu, pois será bem melhor para todos: clientes, empresa, você e seu futuro.

CASE

Quem Tem os Toaletes Mais Limpos de São Paulo?

Todos nós que dirigimos nossos carros neste infernal e imprevisível trânsito da Capital sabemos que poderemos precisar de um toalete à disposição para situações de emergência. Por outro lado, sabemos também que os postos de combustíveis existem para vender gasolina, álcool, lubrificantes etc.

Em atendimento ao cliente, a pergunta que se faz é por que esses postos não colocam, por exemplo, faixas bem visíveis com os seguintes dizeres: "Temos os toaletes mais limpos de São Paulo.

Outro dia, eu estava tomando café em uma padaria no bairro de Higienópolis. Buscando pelo toalete, baixei a voz ao me dirigir discretamente ao atendente:

– Poderia emprestar-me a chave do toalete?

O empregado, sem demora, passou-me a chave, mas ela estava presa a um tacape de madeira nada discreto; eu que queria ir discretamente àquele lugar me vi carregando a chavinha e seu apêndice, que parecia gritar para todos que ali estavam:

– Olha eu e este panaca para onde vamos!!!

Mas, voltando ao assunto, parei para reabastecer, pedi para verificar a água e a pressão dos pneus e desembarquei para ir ao toalete, que aliás não tinha chave. Ao chegar lá, vi que a porta estava encostada, e pensei: "Como vou abri-la? Aquela maçaneta deve estar cheia de coliformes; encostar a mão, nunca!". Com a ponta do sapato dei um pequeno empurrão, a porta se abriu e passei de lado, antes que ela se fechasse sozinha. Ufa! Olhei para o vaso, cujo assento e tampa estavam abaixados, e pensei: "Como levantá-los sem encostar a mão?". Novamente o bico do sapato seria a ferramenta e com uma força bem calculada dei um chute de baixo para cima, de tal forma que as duas peças passassem da vertical, ficando encostadas na parede. Após ter feito o que eu precisava, restava a ação final de dar a descarga. Desta vez, a sola do sapato foi acionada, comprimindo a válvula e limpando o ambiente!

Tudo isso porque aquele posto não tinha o foco no cliente e nem os toaletes mais limpos de São Paulo!!!

5 Como Estabelecer uma Estratégia de Serviços para Conquistar e Manter o Foco no Cliente

Basicamente, todas as empresas têm nos seus processos um grau bastante variável de prestação de serviços. Podem vender produtos, mas sempre terão de incorporar as fases de pré-venda e de pós-venda de serviços. Existem empresas que vendem, essencialmente, serviços como treinamento, cuidados com idosos e crianças, eventos e arquivamento de dados, e outras que combinam meios para prestar serviços, como as empresas transportadoras, de limpeza, diversões, informática etc.

Seja qual for a área, todas terão de possuir uma excelente *visão de serviços*, que informará como deverão atingir um grau de *excelência* para a satisfação dos clientes. Desse modo, é preciso criar uma *estratégia de serviços*.

Varejo e Clientes

A estratégia de serviços engloba as tarefas a serem cumpridas; apresenta na sua execução as razões claras e objetivas para levar de maneira ordenada aos clientes a *visão de serviços* das empresas, objetivando alcançar e manter a excelência e a melhor prática do negócio.

Vejamos os passos necessários:

1º Passo. Criar ou identificar na sua empresa a cultura necessária à obtenção da excelência no atendimento ao cliente.

A cultura de uma empresa pode ser entendida como o conjunto de sua filosofia, missão, visão, história, valores e políticas. Nesse meio, muitos aspectos motivadores da disposição de bem servir estão presentes, ativos ou hibernando, cabendo a você redescobri-los, movimentá-lo, dinamizá-los.

Por outro lado, se não estão presentes ou são insuficientes, devem começar a ser criados ou estimulados.

Que aspectos podem ser esses? Sorrir nos contatos, cumprimentar nas mais variadas situações, pedir desculpas, ter empatia, preocupar-se com os clientes etc.

Para que as modificações culturais surtam efeito, os treinamentos devem começar pelos mais altos escalões e espalhar-se por toda a empresa de forma contínua e sistemática, com competência e obstinação.

2º Passo. Assegurar que existam em todos os níveis da empresa processos atualizados e confiáveis.

Todas as atividades que orientam uma empresa nas diversas fases do atendimento devem estar escritas em uma seqüência lógica, racional, e que concorram para a excelência em serviços. A sua linha de frente pode ser dotada de uma imensa boa vontade em atender, mas mesmo que peça desculpas pelos erros cometidos eles serão tão freqüentes que os clientes não tolerarão tantas falhas.

Antes de pensar em treinar seus atendentes na melhoria da prestação de serviços, reveja todos os processos, certifique-se de que sejam confiáveis, que funcionem, e mais: crie processos se no atendimento verificar que eles não existem.

3º Passo. Identificar claramente do que o cliente precisa.

Se você está constantemente na linha de frente, por certo já terá esta resposta. Quaisquer dos métodos vistos na Seção 3 permitirão que você estabeleça a estratégia correta ou altere-a tão logo identifique mudanças no comportamento dos clientes ou de suas expectativas..

O sucesso das empresas vencedoras é diretamente proporcional a distância que seus executivos agem em relação às transações efetuadas pelos clientes. Uma das maneiras mais eficientes é perguntar diretamente; para tanto, você dispõe de vários canais, dentre os quais o melhor e mais efetivo é o corpo a corpo. Com poucas entrevistas, você terá quase em tempo real tudo de que precisa.

4º Passo. Certificar-se nos seus processos de que os *momentos da verdade* são realmente maravilhosos para seus clientes.

A expressão *momentos da verdade* foi criada por um dos mais hábeis executivos do setor de transportes aéreos internacionais, Jean Carlson, que levantou a Scandinavian Air System (SAS), e a tornou uma *benchmarking* mundial. Ele definiu este termo como todos os instantes nos quais o cliente verifica, tira a limpo, certifica-se de que suas expectativas foram materializadas, de que as promessas estão sendo cumpridas, enfim, conclui que a empresa que lhe está prestando o serviço merece crédito, é confiável, e que valerá a pena desenvolver uma parceria; assegura-se de que a lealdade trará benefícios a ambas as partes e que esse relacionamento é mais poderoso do que um simples ato comercial.

Carlson afirmava, em um determinado ano de negócios, que sua empresa tinha seis momentos da verdade e transportava 10 milhões de passageiros por ano, portanto, ocorreriam 60 milhões de momentos da verdade; quanto mais satisfizessem os clientes, mais cresceriam, lucrariam e continuariam trilhando o caminho do sucesso.

Ora, você, executivo ou não, que quer crescer e continuar vencedor, acompanhe de perto seus processos e os atendimentos que estão ocorrendo e responda: Como andam seus *momentos da verdade*?

A seguir, apresentamos alguns; aproveite este momento e pense em outros:

Varejo e Clientes

- Linhas telefônicas desocupadas
- Cortesia e educação dos atendentes
- Local acessível
- Instalações adequadas
- Conhecimento dos atendentes
- Atendentes apresentáveis
- Horários convenientes de funcionamento

- Filas diminutas
- Atendimento rápido
- Indicações corretas
- Segurança
- Dúvidas esclarecidas
- Garantia de trocas
- Respeito e empatia

5º Passo. Destaque nos seus processos os atributos de valor dos serviços e verifique em quais desses atributos os concorrentes são mais vulneráveis.

Vimos no Passo anterior a importância da identificação de todos os *momentos da verdade*, para que o aperfeiçoamento contínuo conduza sua empresa a prestar excelentes serviços.

Agora, você não pode se esquecer de estar sempre avaliando e medindo os atributos de valor da sua cadeia de serviços, para que melhorias ocorram sempre a fim de superar as expectativas dos clientes. Note bem que os atributos de valor não são constantes em razão da heterogeneidade no atendimento. Por exemplo, como o humor dos seres humanos é variável, é possível que até para o mesmo atendente o atendimento possa sofrer variações de momento a momento, dia ou período. Cabe a você, líder em serviços, estar presente e acompanhando suas equipes, para agir e tomar medidas nos momentos certos.

Que exemplos de atributos de valor podem fazer parte de uma excelente estratégia de serviços?

Confiança	Prestatividade	Surpresa
Reconquista de clientes	Ética	Honestidade
Agilidade	Preço	Encantamento
Empatia	Recuperação do serviço	Garantia
Flexibilidade	Comunicação	Educação

E a concorrência? Você não pode desprezar as oportunidades de analisar em que ponto ela é mais forte e mais fraca e assim descobrir caminhos pelos quais poderá superá-la. Quando na rede McDonald's a linha de frente não vacila em trocar algum produto rejeitado pelo cliente, por qualquer motivo, ou porque, por própria culpa do cliente, ele caiu ou o líquido derramou, a rede supera de longe a concorrência! Quando a rede de supermercados Carrefour vem a público por meio de folhetos e assume o compromisso 'do menor preço ou a diferença de volta', está adotando uma postura de confiabilidade ao assumir este excelente valor para a sua estratégia.

6º Passo. Adequar sua estratégia aos recursos disponíveis.

A *estratégia de serviços* é o trilho da ferrovia que conduzirá sua visão de serviços (a maneira que você decide prestá-los, sua forma de levar a excelência ao cliente).

Assim sendo, como em todos os projetos que você já participou, aqui também sua estratégia de serviços ao cliente deve se adequar aos recursos disponíveis, para não correr o risco de ser interrompida ou arrastar-se, prejudicando seus negócios e abrindo espaço para o avanço da concorrência.

Como bola de cristal não existe, é difícil garantir lucros ou o montante do retorno dos investimentos, mas sempre se saberá quanto custarão os treinamentos, as contratações, os equipamentos etc.

7º Passo. Assegurar que sua estratégia seja entendida por todos os funcionários.

Este é o passo que operacionaliza os esforços para que sua estratégia de serviços seja conhecida e praticada por todos.

A maneira mais rápida para assegurar o crescimento de sua qualidade em serviços é que todos os funcionários conheçam sua estratégia, e estudem e discutam diariamente seus pontos por alguns minutos. Esse esforço será recompensado pela fidelidade dos clientes e conseqüente aumento das vendas; o mercado reconhecerá sua marca e não a esquecerá.

Como foi citado anteriormente, para que sua empresa caminhe para a excelência e, uma vez atingida essa posição, permaneça nela para sempre, é necessário que os executivos do mais alto escalão estejam comprometidos e façam acontecer os objetivos que mobilizam os atendentes a manter o foco no cliente.

Com relação à estratégia de serviços, é fundamental que todos tenham uma cópia desse simples conjunto de tarefas, dediquem no mínimo 15 minutos diários à leitura de pelo menos um item, debatam, comentem e troquem sugestões. Assim, a empresa verá de forma mais rápida a instalação e prática de uma cultura verdadeira em serviços ao cliente.

CASE

Promotora de Produtos: Uma Estranha no Ninho!

Próximo das 12 horas, em um sábado bem movimentado, eu estava no supermercado procurando um item, quando minha atenção foi chamada pela presença de uma moça que estava promovendo uma pasta de atum ou coisa semelhante.

Ela era de estatura mediana, mas, muito magrinha, com um par de cambitos que mais pareciam taquaras; seu avental, imaculadamente branco, superengomado e com dobras salientes e pontiagudas, compunham o quadro final, sob uma touca horripilante que lhe descia até o meio da testa. Pendurado no seu pescoço desciam dois ramos de cordinhas, que sustentavam um tabuleiro onde se viam torradas pequenas e um pratinho cheio daquela pasta em promoção.

Seu olhar vago e alheio ao que se passava ao seu redor parecia não notar alguns clientes, que naquela hora próxima do almoço buscavam saborear petiscos gratuitos; a moça pousava a mão direita no tabuleiro, segurando uma espátula.

Quando algum cliente mais decidido, ou melhor, mais ousado, pegava uma torrada, era o sinal para que aquele autômato movimentasse a espátula, enfiando-a no patê, abastecendo-a com uma certa quantidade, que era passada sobre a superfície da torrada estendida pelo guerreiro.

O cliente afastava-se para uma direção qualquer e ela voltava para seu imobilismo.

Quantas lições pude tirar daquele quadro:

1. Que apresentação malcuidada para um representante da marca!
2. Que falta faz um pouco de treinamento, tão subestimado pelos fornecedores de serviços!
3. Como aumentar suas vendas sem simpatia ou qualquer espécie de diálogo com seus clientes?
4. Por que o supermercado foi conivente com tão baixo desempenho? Será que ele, como muitas outras empresas, pensa que o terceirizado ou agregado participante não é problema seu?
5. Será que o dono do produto em promoção tem certeza de que algum consumidor se lembrará do que comeu?

6 Excelência em Serviços

Nesta seção, veremos com maiores detalhes os resultados de pesquisas efetuadas por três professores de universidades norte-americanas, cujos resultados são utilizados em todo o mundo e constam de inúmeros livros. Com base nas medições da qualidade em serviços, aliadas à satisfação do cliente, foi obtida a Escala Servqual, uma das mais importantes ferramentas desta difícil área de avaliação.

A relação fundamental entre os prestadores de serviços e os clientes nos permitem construir um *fluxo fundamental*, que se inicia na concepção da *visão de serviços* e termina nas *dimensões da qualidade* mais valorizadas pelos clientes.

6.1 Visão de Serviços

É definida pelo fornecedor de serviços e traduz a maneira como pretende prestá-los aos clientes, ou seja, a seu modo de trabalhar para eles, e como pretende atingir a excelência. Todas as empresas devem concebê-la e realizar amplos esforços e treinamentos necessários para difundi-la a todos os seus integrantes. A visão de serviços sempre é definida no mais alto nível de decisões e em geral por aquele ou aqueles que fundaram a empresa. Deve ser freqüentemente acompanhada e reavaliada quanto às estratégias que estão sendo utilizadas para implementá-la. É possível que ao longo do tempo de sua implantação ocorram mudanças sociais, econômicas ou de outra natureza que invalidem ou distorçam sua proposta inicial.

Veja, a seguir, vários exemplos de visão de serviços para sua melhor compreensão:

TAM – *Agregar valor em todas as etapas dos serviços.*

FedEx – *Entregar em qualquer parte do território americano, no prazo de 24 horas, qualquer encomenda postada nos Estados Unidos.*

McDonald's – *Qualidade, serviço, valor e limpeza.*

Sears – *A satisfação garantida ou o dinheiro de volta.*

Stew Leonard's – *O cliente tem sempre razão.*

Varejo e Clientes

CASE TAM

Visão Espetacular: "Agregando Valor em Todas as Etapas dos Serviços"

Nos 11 anos que passei na TAM como executivo, tive a sorte e o privilégio de aprender com o comandante Rolim o que um grande líder deve fazer para que sua empresa encante o cliente e desperte nele a lealdade necessária para torná-la lucrativa, vitoriosa e padrão de referências de serviços no setor e no mercado. A introdução de constantes melhorias que agregassem valor aos serviços que a TAM prestava aos seus passageiros era sempre a preocupação máxima do comandante, a tal ponto que em um dos embarques, quando um dos passageiros lhe disse que gostaria de também encontrar a bordo balas com sabor de hortelã, ele surpreendeu o cliente, que na próxima viagem que realizou já teve como opção o sabor que tinha sugerido.

A TAM foi a primeira companhia aérea brasileira que incorporou valores para seus clientes, independentemente de eles serem *vips* ou não, bastava ter adquirido sua passagem para ter acesso às facilidades oferecidas pela empresa. As salas de embarques especiais da TAM, em Congonhas, Santos Dumont, Florianópolis, Guarulhos, Campo Grande etc, abrigavam os passageiros que tranqüilamente aguardavam a hora do embarque, lendo os jornais locais, ouvindo música, tomando refrigerantes e saboreando doces e salgadinhos. Algumas empresas utilizavam as salas como uma vitrine para seus produtos, e assim tivemos em uma certa época uma combinação quase imbatível, uma dupla muito procurada pelos passageiros: pãozinho de queijo e chocolate, quente ou frio; sanduíches de múltiplos sabores agradavam a quem tinha de aguardar a hora do seu vôo.

O comandante Rolim era apaixonado por música e incentivou a implantação nas salas de um projeto do seu departamento de marketing, que tinha como objetivo oferecer aos seus passageiros um clima especial complementado com música; assim, em1993, a TAM revelou mais uma vez sua capacidade extraordinária de encantar clientes!

Veja mais uma vez, com base neste *case* resumido, que as diferenças entre as empresas cada vez mais se apóia na excelência do atendimento. Neste setor da prestação de serviços, os aviões são bem semelhantes, as distâncias iguais, as velocidades e tempos muito próximos, os preços podem ser bem administrados e com muito pouca diferença. O que vai fazer a diferença são os serviços e o encantamento do atendimento: esta deve ser a grande preocupação dos presidentes, diretores, enfim, dos líderes que querem conduzir suas empresas nos caminhos lucrativos e vitoriosos.

6.2 Fluxo Fundamental

As empresas de serviços

↓

definem sua maneira de trabalhar para o cliente
(o que querem atingir), ou seja, sua visão de serviços,
criando uma estratégia de serviços que orienta a empresa
na criação de valor para o cliente.
Isso só é possível com o fornecimento de serviços
de qualidade, que por sua vez se apóiam nas
dimensões mais realçadas da qualidade em
serviços, que são:

CONFIABILIDADE
PRESTABILIDADE
SEGURANÇA
EMPATIA
TANGÍVEIS

Estas dimensões serão exaustivamente analisadas a seguir e se constituem em poderosas ferramentas para as empresas buscarem a excelência da qualidade em serviços ao cliente.

6.3 SERVQUAL: Medindo e Definindo a Qualidade dos Serviços

SERVQUAL é uma ferramenta poderosa, dotada de uma escala de 44 itens que mede comparativamente as expectativas e percepções do cliente sobre a qualidade dos serviços, com relação às cinco dimensões principais que ele mais valoriza.

Varejo e Clientes

Segundo seus autores, quando os clientes pesquisados foram solicitados a atribuir pesos de importância percentual para cada dimensão, fizeram distinção entre elas, distribuindo os pontos por ordem de importância.

A seguir, na Figura 3.1, temos os resultados dessa distribuição dos cem pontos formando a nossa 'pizza da qualidade'. São resultados médios de vários segmentos, como varejo, bancos, seguradoras, fabricantes de computadores, entre outros.

Inicialmente, qual é a interpretação que podemos dar a cada uma das qualidades?

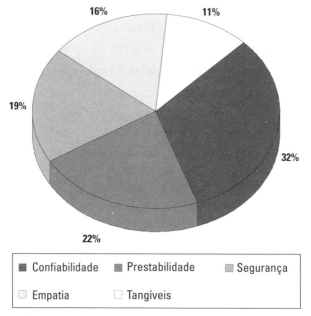

Figura 3.1 'Pizza da qualidade'.

CONFIABILIDADE	Cumprir o prometido.
PRESTABILIDADE	Pronta resposta, rapidez, disposição em servir.
SEGURANÇA	Competência, conhecimento, cortesia, segurança.
EMPATIA	Cuidado, atenção especial ao cliente.
TANGÍVEIS	Aparência, percepções sensoriais.

Gestão da Qualidade em Serviços

Para cada *dimensão da qualidade* analisada a seguir, constarão as expectativas e percepções dos clientes, o que certamente dará ao leitor o seu exato alcance.

6.3.1 Confiabilidade

É, sem sombra de dúvida, o 'sabor' mais preferido, a dimensão mais valorizada pelo cliente. O serviço tem uma característica fundamental, que é sua intangibilidade, daí ser uma promessa que o cliente espera. Depois de prestado o serviço, não há retorno; ele tem só uma única chance de ser excelente, indo ao encontro das expectativas.

Um outro parâmetro importante é que, se o cliente julgar que a sua empresa não é confiável, as outras dimensões pouco significarão; daí a *confiabilidade* estar relacionada diretamente com os *resultados*.

A confiabilidade é baseada em promessas, feitas pelos atendentes, pelas empresas e as esperadas pelos clientes, o que nos permite apresentá-las em três grupos:

Promessas pessoais

Em geral, as promessas são feitas pelos atendentes da linha de frente em todas as fases do atendimento. Os executivos – líderes em serviços – são quem determinarão até que limites os atendentes poderão chegar.

Um forte conceito que deverá ser absorvido e praticado por todos é que só deve ser prometido aquilo que poderá ser cumprido, e, uma vez feita a promessa, cumpra-a! As ligações e os contatos não respondidos, os compromissos e as reuniões não realizados nas datas e horas combinadas, os prazos dos serviços que não se realizam e os pagamentos não honrados são algumas das ocorrências que podem destruir a confiança dos clientes na sua empresa, que, desse modo, perde terreno e reconhecimento.

Promessas organizacionais

São aquelas feitas pelas empresas por intermédio da mídia, de campanhas de divulgação ou quaisquer outros meios que busquem atingir os clientes. Hoje, com os órgãos de defesa do consumidor, promessas enganosas podem acarretar péssimas conseqüências, além de concorrerem para um

• 127 •

Varejo e Clientes

descrédito irreversível de sua marca, de seu nome e seus negócios. Nesse terreno, não há meio-termo, pois o cliente sempre concluirá por um dos dois extremos: sua empresa é ou não é boa, presta ou não presta, serve ou não serve!

As empresas podem fazer uma conta bem simples; se forem confiáveis, terão em média 32% da preferência de seus clientes, o que é uma bela vantagem competitiva.

Promessas aguardadas

Se as promessas pessoais e as organizacionais já criam no cliente expectativas elevadas, as experiências pessoais anteriores ou as transmitidas boca a boca as elevam a níveis que exigirão uma prestação de serviços irrepreensíveis. Da mesma forma, relatos bem favoráveis aumentam cada vez mais as expectativas dos clientes e o seu rigor em não perdoar as falhas; esse é um preço que as empresas excelentes pagam por estarem bem à frente da concorrência, mas que concorrem para a obtenção de resultados cada vez melhores.

6.3.1.1 *Expectativas de confiabilidade sobre empresas excelentes*

❖ empresas excelentes fornecem os serviços conforme o prometido;
❖ têm disposição para solucionar problemas de clientes;
❖ entregam o serviço na data prometida;
❖ realizam corretamente o serviço na primeira vez;
❖ mantêm registro quase inexistente de erros.

Compare suas percepções sobre os serviços prestados por sua empresa; quanto mais ela estiver próxima das expectativas citadas, menor será sua lacuna de confiabilidade, e melhor, sua qualidade em serviços.

Desde que sua empresa seja confiável sob a percepção de uma quantidade maior de clientes, mais você poderá comemorar uma vida empresarial longa, lucrativa e vitoriosa.

6.3.1.2 Habilidades de confiabilidade

Nem sempre as promessas serão cumpridas, pois as falhas são inevitáveis, apesar dos melhores esforços desenvolvidos pelas empresas. Isso não significa que elas devam assumir atitudes indiferentes, conformadas, e aceitar os erros como se fossem fatalidades. A proatividade deve estar presente, bem como o incentivo aos atendentes para recuperar as falhas, reduzi-las, desenvolver e praticar as habilidades necessárias à manutenção deste importante princípio da excelência em serviços. E mais: é preciso reter o cliente.

Então, se as promessas não são cumpridas, o que fazer?

Devemos orientar muito bem nossa linha de frente para que:

1. Peça desculpas.

   Não vacile! Faça-o sem pressa e seja sincero. Se você mantiver uma postura arrogante, terá todas as chances de perder para sempre aquele cliente, mais clientes e uma boa parte de seus lucros.

2. Não perca tempo se defendendo.

   No momento, isso não interessa. Não critique qualquer funcionário ou alguma área de sua empresa; essas atitudes só depõem contra você e sua organização.

3. Admita que algo falhou.

   Por que não? É uma atitude honesta e corajosa que aumenta a confiança e o respeito que seu cliente sentirá por sua empresa.

4. Descubra do que o cliente precisa.

   Passado o primeiro momento, o impacto inicial, e reduzidas as tensões, o melhor caminho é identificar o que pode agradar ao cliente, até que as correções principais possam ser efetuadas e reparados os dissabores.

5. Monitore os processos.

   Já foi reportado anteriormente que todas as tarefas componentes dos processos de atendimento devem estar claramente escritas, treinadas, posta em prática e corrigidas. Quando a confiabilidade sofre um arranhão que possa desacreditá-la, reveja tudo, buscando melhorar sempre.

6. Comunique uma imagem confiável.

Este é o fecho: assuma com seriedade e responsabilidades os desvios que ocorrerem. Transmita ao cliente que você sente por essas faltas, que está penalizado e que fará tudo para corrigir e não falhar novamente. Enfim:

> **Cumpra o que prometeu
> e prometa só o que pode
> ser cumprido.**

6.3.2 Prestabilidade

Neste pedaço da 'pizza da qualidade' a ênfase do atendimento concentra-se no fator tempo, que é vital para a satisfação dos clientes, pois, quando não é aproveitado racionalmente, deixa a sensação de perda, frustração, incapacidade, prejuízo e algo irrecuperável, que se foi e não retorna nunca mais.

Em geral, na cultura brasileira, temos expressões como: "Quem tem pressa come cru"; "A pressa é inimiga da perfeição"; "Devagar com o andor que o santo é de barro"; "O mundo não vai acabar amanhã" etc. Daí os líderes em serviços terem a prestabilidade como uma das tarefas mais difíceis de implantar, para que os serviços prestados primem pelo respeito ao tempo despendido pelo cliente.

O cliente agradecerá e desenvolverá uma longa parceria com sua empresa se ela tiver atendimentos rápidos, que façam acontecer soluções para já.

A prestabilidade poderia ser inicialmente caracterizada por cinco atributos desejáveis:

1. Fazer a coisa na hora certa.

    O instante correto para as atividades serem iniciadas deve ser exatamente o anunciado, conhecido e aceito. Dessa forma, os bancos devem abrir em ponto, e não alguns minutos depois; as lojas de qualquer tipo de varejo também devem iniciar seu atendimento na hora exata e conhecida, e mais, precisam estar limpas, arrumadas,

Gestão da Qualidade em Serviços

guarnecidas, com todos os equipamentos ligados, atendentes a postos, sem atrasos de nenhuma espécie. Todo esse rigor se aplica a qualquer empresa, independentemente de seu ramo, ou que venda produtos ou serviços.

Uma empresa excelente tem tolerância zero para iniciar seus atendimentos ou mantê-los prontamente preparados.

2. Executar as ações com rapidez.

A velocidade do atendimento depende do serviço que está sendo prestado e das necessidades do cliente. Serviços como pronto-socorro, resgate em ocorrências de acidentes e emergências em geral são rápidos pela sua natureza. Serviços que objetivam relaxamento, tranqüilidade, silêncio e meditação pedem uma velocidade mais amena.

Em todos os outros, ganham as empresas nas quais os atendentes são mais rápidos, objetivos, preparados e que estão sempre preocupados em evitar perdas de tempo, que nunca mais serão recuperadas.

3. Ter disposição de servir já.

Esta é uma disposição cultural muito difícil de ser mudada ou implantada. Caberá aos líderes em serviços treinar, orientar, exigir, mostrar à sua linha de frente e de retaguarda que esta postura é o verdadeiro dínamo da prestabilidade desejada para caracterizar as empresas vencedoras. Se chegarem na frente, terão 22% das preferências dos clientes.

4. Ter pronta solução.

Significa que todos seus atendentes envidarão as maiores e os mais sinceros esforços para acelerar a velocidade do atendimento quando o cliente, ou o serviço, apresentar uma expectativa mais elevada. Isso acontece também na ocorrência inevitável de problemas, causados ou não pelos seus processos, mas, de qualquer forma, exigirá rapidez do seu pessoal, que tem de correr e resolvê-los para ajudar o cliente, e, quem sabe, encantá-lo.

5. Antecipar as ações para o cliente.

Verifique sempre como andam seus processos e, então, é provável que seus serviços estejam caminhando para o nível da excelência. Esta disposição exigirá que os líderes em serviços estejam onde o cliente estiver. Por exemplo, em quase todas as frentes dos negócios mais variados temos a ocorrência de filas por diversas razões. Nesses casos, independentemente das soluções que estão sendo buscadas, deverá haver interações entres os executivos e os clientes, em que os primeiros buscam aliviar as tensões, aborrecimentos e impaciências. A simples presença dos executivos durante a prestação de serviços tem efeitos mágicos nos clientes, sendo que o maior é o reconhecimento de que a empresa se preocupa com eles, desenvolvendo e fortalecendo, assim, os laços de fidelidade, que se traduzirão em lucros crescentes.

6.3.2.1 *Expectativas de prestabilidade sobre empresas excelentes*

Funcionários de empresas excelentes:

- ❖ Informam exatamente aos clientes quando os serviços serão realizados.
- ❖ Prestam prontamente serviços aos clientes.
- ❖ Sempre estão dispostos a ajudar os clientes.
- ❖ Aqui cabe lembrar que essa disposição é um dos maiores desafios para os líderes em serviços, pois a campanha para mudar a cultura é longa; despertar nos atendentes iniciativa própria e vontade de ajudar clientes é difícil, mas à medida que essa disposição cresce sua empresa começa a fazer a diferença.
- ❖ Sempre estão prontos a responder às solicitações dos clientes.

Quanto mais sua empresa estiver próxima dessas expectativas, menor será sua lacuna de prestabilidade e melhor, sua qualidade em serviços.

6.3.2.2 Habilidades de prestabilidade

Tenha seus atendentes treinados, recursos necessários e conhecidos para localizar, orientar, resolver, processar, vender e operar. Enfim:

> **Conheça muito bem
> o seu negócio!**

CASE

Prestabilidade É Ter Vontade de Servir na Hora Certa!

Na maioria das cidades brasileiras, quando se pergunta qual é a hora de abertura dos bancos, todos parecem acreditar quando respondem: 10 horas! Quase sempre, todos os estabelecimentos abrem depois de alguns minutos, deixando impacientes e irritados os clientes pontuais.

Descobri que ficamos invisíveis quando a nossa fila entra pela mesma porta dos funcionários; pois, independentemente do cargo, esses vão passando por nós sem ao menos dirigir um olhar e sequer cumprimentar.

Já são 10 horas e a porta não foi aberta; olho através do vidro para ver se vislumbro o guarda que virá; lá está ele, mexendo nas chaves que traz presas à cintura, fazendo sem parar um movimento circular com o dedo indicador. De repente, ele pára o movimento e fico pensando: por que parou, parou por quê? Alguém lá de dentro lhe faz um sinal combinado, quando então ele começa a se movimentar em direção à porta, detendo-se nela para as operações finais e ansiosamente aguardadas.

Liberada a entrada, eis que eu, o primeiro a entrar, dirijo-me à zona de retenção para aguardar um segundo sinal, desta vez sonoro e visual, indicando qual o caixa que está disponível, pronto para iniciar o atendimento. Quando a largada é liberada, dirijo-me a um dos caixas, que ainda está de cabeça baixa, arrumando seu posto de trabalho. Aguardo pacientemente, pensando que, se aquele fosse um excelente serviço, eu seria recebido com um sorriso caloroso e um entusiástico bom-dia.

Ele termina, levanta a cabeça, balançando-a imperceptivelmente enquanto "rosna" um quase inaudível cumprimento. Olho para ele tentando saber o que está pensando; não consigo imaginar, pois seu olhar é parado, neutro, sem vida! Tiro meu envelope que contém oito documentos, boletos etc., e coloco à sua frente. Ele os olha, levanta a cabeça e olha para mim; agora sei o que ele deve estar pensando:

"Puxa, que azar. Logo o primeiro cliente já me apresenta um monte. Bem que poderia ser um papelzinho rápido!".

O serviço é realizado sem nenhuma interrupção? Claro que não, pois sempre alguém do banco atravessa o atendimento para solicitar alguma ação do caixa, e assim demorando mais do que o esperado!!

6.3.3 Segurança

Na média, dependendo da área dos fornecedores pesquisados, esta *dimensão da qualidade* tem 19% da preferência dos clientes na composição da 'pizza da qualidade'. Ela pode ser traduzida por segurança, propriamente dita, tranqüilidade e competência desejadas pelos recebedores dos serviços. Aqui, o treinamento dos atendentes da linha de frente é fundamental para a obtenção dos resultados excelentes.

Conhecendo muito bem o que devem fazer, os colaboradores serão mais rápidos e inspirarão maior confiança; assim, teremos a soma da *confiabilidade* (32%), da *prestabilidade* (22%) e da própria segurança (19%), o que lhe dará 73% do total atribuído pelos clientes.

Então, seja uma empresa de sucesso, por meio de colaboradores que tenham:

1. Conhecimento dos serviços.

   Para prestar serviços excelentes é fundamental que seu pessoal tenha um extremo conhecimento do que vende. O atendente deve estar preparado conforme o nível de expectativas do cliente. Existem clientes que não se interessam por explicações detalhadas e se satisfazem com informações superficiais.

   As empresas devem treinar muito bem seu pessoal antes de deslocá-lo para o atendimento, não se esquecendo de que os treinamentos precisam ser contínuos, pois novos produtos e serviços estão sendo desenvolvidos e disponíveis no mercado quase todos os dias. O cliente admite ser atendido por funcionários em treinamento e que também possam apresentar falhas ou ser um pouco vagarosos, desde que ele visualize sinais, como crachás, por exemplo, que indicam estar havendo orientação próxima. Para ser uma empresa excelente, não se descuide do preparo de sua linha de frente; isso não é custo, é investimento.

2. Atenção concentrada.

   Os atendentes que conseguem manter atenção no atendimento captam mais informações, comportamentos, dúvidas e anseios do cliente, e, desse modo, podem vender melhor. As pessoas se sentem mais

Gestão da Qualidade em Serviços

seguras e prestigiadas quando percebem que estão no foco das atenções. Sentem-se diferentes, valorizadas, e descobrem sempre mais razões para continuar sua parceria com o fornecedor. Um malabarista poderá manter vários objetos em movimento simultaneamente, mas um atendente dificilmente servirá bem a dois senhores.

3. Conhecimento da empresa e seus serviços.

É extremamente desejável conhecer os serviços e saber tudo sobre a empresa e seus produtos; isso inspirará maior confiabilidade ao cliente, que se sentirá mais seguro na transação. Por outro lado, atendentes com grande nível de conhecimento se sentirão mais à vontade, e vestirão realmente a camisa da empresa à qual pertencem, se souberem sua missão, a visão, os valores, a organização, os programas e muito mais sobre sua história e cultura.

4. Garantia de soluções para problemas.

Garantia de soluções é passar para o cliente sinais e ações de que serão envidados esforços sinceros e eficazes para resolver problemas, que ocorrem nas diversas fases dos serviços prestados. Este é um compromisso de linhas de frente que alcançaram um excelente estágio de auto-estima e realmente amadureceram sua disposição em servir.

6.3.3.1 *Expectativas de segurança sobre empresas excelentes*

Funcionários de empresas excelentes:

* ❖ Têm comportamento que inspira confiança nos clientes.
* ❖ Fazem os clientes sentirem-se seguros em suas transações.
* ❖ São consistentemente corteses.
* ❖ Estão preparados para responder às perguntas dos clientes.

Se a sua empresa apresenta alguma dessas características, os clientes já começarão a perceber que ela pode ser excelente!

6.3.3.2 Habilidades de segurança

1. Manter a atenção concentrada para captar uma quantidade maior de palavras.

   Quando os atendentes conseguem manter a atenção no que o cliente está falando, aumentam o entendimento, aproveitam mais o tempo e ganham velocidade na resolução de problemas.

2. Ouvir para entender, e não apenas para responder.

   Entender é sempre a melhor forma de melhorar o atendimento, pois balançar a cabeça repetidas vezes em sinal de concordância e murmurar palavras de cortesia não levam ao nível de serviços desejados.

3. Passar ao cliente tranqüilidade e segurança.

   O ambiente de sua empresa ou o local do atendimento devem passar a exata percepção de que a segurança dele está garantida em todos os aspectos.

Enfim:

> **Conheça muito bem o seu negócio!**

6.3.4 Empatia

Das cinco *dimensões da qualidade* da nossa 'pizza', a menos saboreada e aproveitada pelas empresas prestadoras de serviços é a empatia. Esse desconhecimento injustificado pode trazer perdas incríveis da ordem de 16%, número bastante significativo para ser tratado superficialmente; esse é o valor que os clientes atribuíram a esta dimensão na pesquisa relatada anteriormente. Pouquíssimas empresas investem nessa fatia que pode colocá-las à frente da concorrência. Não se esqueça de que a cultura brasileira privilegia o ato de ouvir, aconselhar e ajudar o próximo, e esses comportamentos são importantes no seu negócio – fazem uma grande diferença.

Antes de treinar sua linha de frente, passe o conceito de *simpatia*, que é a capacidade de ser agradável ao cliente entendendo suas necessidades. Os atendentes devem se apresentar, sempre, bem barbeados (homens), pentea-

Gestão da Qualidade em Serviços

dos, limpos, bem vestidos, com roupa limpa e passada, com vontade e expressão de bem servir, sorrindo e alegres (quando for próprio do serviço).

A empatia, como princípio de excelência em serviços, pode ser caracterizada, para fins de treinamento e ações de atendimento ao cliente, por três atitudes básicas dos atendentes:

- ❖ Ser capaz de reconhecer o estado emocional do cliente.
- ❖ Perceber as sensações do cliente como se fossem suas.
- ❖ Colocar-se no lugar do cliente.

Apenas esses conhecimentos já são suficientes para se ganhar muito terreno na preferência, lealdade e atenção dos clientes, que comprarão mais, recomendarão mais sua empresa e adorarão fazer negócios com ela.

Um ponto importante para a implantação ou desenvolvimento desta dimensão da qualidade é colocar e treinar seus funcionários no emprego e na prática de termos como: gentileza, cortesia, por favor etc.

Sempre valerá a pena desenvolver a empatia para ganhar, em média, 16 % da concorrência!

6.3.4.1 Expectativas de empatia sobre empresas excelentes

Empresas excelentes:

- ❖ *Dão aos clientes atenção individual.*

  Nenhum cliente deve entrar na sua empresa sem ter sido detectado, e os atendentes sinalizarem que os viram por meio de sinais educados e discretos. Se o atendente estiver envolvido, fará menção que o percebeu; o cliente é que decidirá se espera ou procura outro atendente. Alguns profissionais liberais, em particular nossos queridos médicos, a quem devemos nossas vidas e nosso bem-estar, se trabalharem bem esta importante dimensão da qualidade, seus consultórios viverão repletos, com muita espera para as consultas. Não lhes custaria muito ter empatia, nem se colocar no lugar do cliente, expressar solidariedade e abordar mais suavemente as más verdades.

Que tal lembrar sempre de qual é a diferença entre Deus e o médico?

– Deus sabe que não é médico!

❖ *Têm horários convenientes de funcionamento para todos seus clientes.*

As empresas e os prestadores individuais de serviços revelam excelência quando trabalham em horários convenientes para seus clientes. Quando o Banco HSBC antecipou em uma hora a abertura de suas agências e estendeu o horário de fechamento para duas horas depois de outros concorrentes, certamente conquistou muitos mais correntistas; e, se abrir algumas agências aos sábados, satisfará muito mais aos atuais e aos futuros clientes.

❖ *Têm colaboradores que dão atenção especial aos clientes.*

A atenção especial deve sempre ser dada não só aos clientes especiais, como deficientes físicos, idosos e grávidas, mas também a todos os clientes, pois esta prática cativa e mostra claramente que o prestador de serviços se preocupa com eles. Esta genuína demonstração de atenção e carinho pode representar 16%, em média, para ser agregada à vantagem competitiva.

❖ *Estão comprometidas com os interesses dos clientes.*

Quando as empresas entendem que os interesses dos clientes superam qualquer dificuldade nos atendimentos praticados, está verdadeiramente evoluindo para uma posição de excelência. É só aguardar que os lucros virão!

❖ *Entendem as necessidades específicas de seus clientes.*

Todos funcionários devem ser constantemente treinados para detectar as sugestões e reclamações quanto às necessidades específicas ouvidas durante os atendimentos. Aqui pode estar a chave para abrir outros caminhos e manter sua base de clientes. Nunca se esqueça de que, quer você venda produtos ou serviços, você só existirá se à sua frente existir um cliente. O restante é conversa fiada!

Agora, compare a sua empresa com aquelas que tenham as excelentes ações acima; quanto mais se igualar, mais estará perto desse seleto grupo.

6.3.4.2 Habilidades de empatia

1. *Se há discussão entre seu atendente e o cliente, então não há solução.* Lembre-se de que, antes de qualquer coisa, o cliente tem sempre razão. Uma discussão pode ocorrer quando a linha de frente não está treinada, principalmente sobre o papel de servir. Muitos atendentes têm a visão de que é humilhante servir e que é uma obrigação que deve ser evitada. Em muitas empresas, os colaboradores podem relacionar servir com ser serviçal ou subserviência. Não receberam treinamento e se apegam ao aspecto pejorativo, quando servir alguém com excelência é dignificante, é ser competente, e valoriza quem o faz com excelência.

2. *Atue sobre o que aconteceu e deixe de lado a quem aconteceu.* Seja objetivo, escute seu cliente, evite estereótipos, solidarize-se e defenda-o. A visão estereotipada pode colocar a perder muitos negócios. Hoje, muitas barreiras sociais foram derrubadas e nossos clientes podem se apresentar com vestimentas não convencionais, relacionamentos diversos, tatuagens etc. A linha de frente precisa se colocar no lugar do cliente, resolvendo os problemas de compras de produtos e serviços, pois esta é sua missão.

3. *Use a empatia para deixar claro que você e seus clientes são seres humanos, não máquinas.* Um profundo interesse no atendimento é a chave para sua empresa ser procurada cada vez mais pelos seres humanos que querem e pagam por excelentes serviços.

6.3.5 Tangíveis

Embora seja uma fatia menor, com um valor médio de 11%, esta *dimensão da qualidade* tem uma parte significativa na preferência dos clientes. Pela própria natureza do serviço, que é a ausência de um produto concreto, as avaliações tendem a focalizar as evidências tangíveis percebidas pelos sentidos: visão, olfato, audição, paladar e tato.

As empresas devem dar atenção especial para instalações, equipamentos, móveis, decoração, cores, odores, sons, aparência e a apresentação dos atendentes.

Varejo e Clientes

Nesses aspectos, apresentamos a seguir alguns tangíveis que, se colocados a serviço dos clientes e percebidos por ele em face de seus referenciais, servirão para fazer da sua empresa um real caso de excelência.

❖ *Estacionamento*

Para chegar à sua empresa, na maioria das vezes, o cliente utilizará seu próprio carro; assim, uma de suas preocupações como excelente prestador de serviços será dispor de áreas e, quando for o caso, de manobristas; conforto e segurança nos dias de hoje são pontos importantes para que o cliente decida pelos serviços de sua empresa.

❖ *Tapetes, balas, móveis*

Sempre tenha tapetes na entrada de seu estabelecimento; não precisa ser tapete persa, mas coloque pelo menos um, bonito e com algum logotipo da empresa; móveis, antigos ou modernos, mas sempre adequados e limpos; cadeiras, bancos e assentos confortáveis. Balas? Veja o *case* a seguir e como essas pequenas e deliciosas guloseimas ajudam sua empresa a competir!

❖ *Ônibus*

Muitos shoppings em São Paulo colocam este tangível para levar clientes aos seus estabelecimentos.

❖ *Telefone, fax, internet, copiadoras*

Muitos clientes, apesar de disporem de aparelhos celulares, solicitarão o uso do telefone fixo onde estiverem sendo atendidos; treine seus atendentes para não perguntarem se o celular à vista na cintura, por exemplo, está funcionando!

Observe a diferença sutil entre duas situações que levam a um mesmo péssimo atendimento:

Primeiro: seu atendente não pergunta o que deve!

Segundo: seu atendente pergunta o que não deve!

❖ *Jornais, revistas, folhetos*

A última vez que fui ao consultório do meu dentista, tive que aguardar um atendimento de emergência; para passar o tempo, peguei algumas revistas para ler. À coleção era de 2001, e assim recordei o que aconteceu naquela época. Cuidado com o material de leitura que deixa à disposição na sua empresa!

❖ *Água, café*

Se sua empresa gastar muito com alguns destes tangíveis, os seus colaboradores (clientes internos), que são o seu ativo mais valioso, e os clientes agradecerão pela lembrança e pelos cuidados.

❖ *Brindes*

Se os tempos são bons e os lucros compensadores, não se esqueça de reforçar o valor de sua marca, fornecendo brindes àqueles que lhe dão preferência.

❖ *Sorrisos*

Em várias partes deste livro, nos referimos ao sorriso como uma das mais importantes armas do arsenal de empresas excelentes. Saiba que o esforço realizado quando o atendente se apresenta sério, amargurado e carrancudo é muito maior e menos gratificante do que quando ele sorri nos momentos e nas ocasiões corretas. Quem não aprendeu a sorrir deve ficar na linha de retaguarda, até compreender que o sucesso vem mais rápido para aqueles que expressam visivelmente sua satisfação e seu contentamento por atender os clientes!

Quando ministro aulas e palestras, costumo dizer que o esforço muscular para o atendente se apresentar sério, contrariado e de cara feia é bem maior do que o esforço para brindar seus clientes com belos sorrisos.

❖ *Tratamento personalizado*

Quando treinar sua linha de frente, explique que a forma de tratamento inicial mais recomendada é *senhor* ou *senhora*. Na cultura brasileira, muitos clientes não gostam desse tratamento, pois talvez o considerem muito formal, preferindo que os chamem por *você*; mas lembre-se de que os atendentes devem ser discretos e não entrar em intimidades, tais como dar tapinhas nas costas, contar piadas ou falar gírias.

Varejo e Clientes

❖ *Equipamentos e instalações adequadas*

Não importa se os móveis, equipamentos e as instalações são antigos ou modernos, pois a seleção será feita conforme os valores referenciais ao gosto do cliente; ele deseja que funcionem sempre bem, sejam cuidados, com excelente manutenção, e que os serviços e o atendimento sejam perfeitos.

❖ *Toaletes disponíveis, limpos e com odores agradáveis*

Clientes sempre dão muito valor às empresas cujos locais onde os serviços são prestados sejam limpos e bem cheirosos; portanto, nunca se descuide, e inspecione sempre o estado de conservação e de funcionamento de todos os seus toaletes.Mesmo seus funcionários ficarão agradecidos, sabendo que a empresa tem essa preocupação com eles.

❖ *Apresentação impecável dos funcionários*

Tanto os colaboradores que usam uniformes fornecidos pelas empresas quanto aqueles que vestem roupas próprias devem se apresentar impecavelmente, com asseio, limpeza, sem rasgos, tamanhos inadequados, falta de botões, adequação ao clima e costumes. A propósito, muitos cuidados devem ser tomados com relação ao *casual day*, pois os exageros e a falta de limites podem produzir um desfile de mau gosto, e um dia que pretendia ser de descontração torna-se um *brega day*.

CASE

A Importância das Balas para Encantar os Clientes

Oferecer balas durante seus processos de atendimento é uma atividade muito importante e que tem custo ínfimo. Qual a razão? Todos fomos crianças e guardamos recordações felizes daquela época.

Quando a bala é nova e ficou bem acondicionada até seu consumo, o papel que a envolve destaca-se com muita facilidade; quando a embalagem termina nas extremidades com duas "orelhinhas", você puxa as duas pontas, a bala gira, você completa a abertura com facilidade e saboreia o conteúdo!

Certa ocasião, eu estava na sala de espera do meu médico, quando vi na mesinha ao lado um grande pote cheio de balas. Tirei uma, e ao puxar as extremidades a bala não girou e nem fez aquele barulho característico do papel se abrindo. Observando mais atentamente, percebi que o papel estava umedecido, o que me levou a concluir que a bala já era antiga e o açúcar estava migrando; a bala começava a se decompor.

Pensei: "Vai assim mesmo", e comecei a rasgar o papel que estava firmemente colado; para remover os pedaços mais resistentes, comecei a tirá-los com a unha, do polegar direito; papéis e raspas da bala entraram debaixo da unha, incomodando; para aliviar, introduzi a unha do indicador esquerdo embaixo da unha do polegar direito até remover todos os corpos estranhos.

Ainda havia alguns pedacinhos de papel grudados, mas não desisti, e enfiei a bala na boca, cuja saliva e movimentos da língua facilitaram o descolamento dos papéis, que foram formando pequenos charutinhos.

Como eu estava sozinho e ali havia uma criança, movimentei os charutinhos para os lábios, fiz aquele bico e ...*fuuch*... assoprei para bem longe, divertindo-me com suas trajetórias!

Aprendizado: minha avó já dizia que, se for para cair de um cavalo, caia de um de raça, não de um pangaré! OFEREÇA BALAS SEMPRE NOVAS AOS SEUS CLIENTES!!

6.4 Como Encantar Mais o Cliente

As empresas e os prestadores de serviços que pensam em encantar o cliente somente com a prática de preços baixos e descontos estarão fadados ao fracasso. Inicialmente poderá haver uma ilusória vantagem competitiva que os colocará à frente, mas logo esses controles também serão colocados em ação pela concorrência. Encantar de forma duradoura, mágica e diferente não é complicado, e poderá ser resumido nos pontos a seguir:

1. Vontade de sorrir

    Quando o maior ativo das empresas, seus funcionários, é valorizado e tratado de forma justa, humana e incentivadora, o ato de sorrir se torna mais fácil, espontâneo e caloroso. Uma recomendação preciosa para a linha de frente é que o sorriso deve estar presente sempre, pelo menos, no início e no fim do atendimento. Durante a transação, dependerá de vários outros fatores, como cultura local, variedade de serviços e sua natureza, conhecimento e familiarização entre atendente e cliente, dentre outros. Evite aquele sorriso formal, mecânico, gelado, obrigatório. É fantástico ser atendido por pessoas felizes e com vontade de servir!

Não deixe de tirar proveito desta importante vantagem competitiva, sorrindo sempre no início e no encerramento do atendimento.

2. **Surpreender com detalhes**

Qualquer detalhe agradável causa excelente impressão ao cliente, principalmente se é inesperado. Quando a linha de frente tem a orientação constante de líderes em serviços, informando que o cliente é a razão de ser da empresa, os detalhes costumam aflorar com bastante freqüência. Vejam, como exemplo, os seguintes *cases*.

Case 1. Um cliente das lojas Amor aos Pedaços relatou uma inesquecível experiência. Ele comprou um bolo para ser entregue em sua residência no seu aniversário, e o bolo chegou literalmente aos pedaços. A empresa recebeu a reclamação e enviou outro bolo inteiro. No ano seguinte, exatamente na data de seu aniversário, a empresa presenteou-lhe com um lindo bolo: este é um detalhe que surpreende!

Case 2. Uma passageira da TAM estava com uma ligeira febre e solicitou à comissária que lhe arranjasse um cobertor. Ela informou que todos os cobertores tinham sido entregues a outros passageiros. Então, emprestou-lhe o seu casaco e o de outra colega, deu-lhe um analgésico e durante todo o vôo verificou a temperatura da 'paciente'. Dois dias depois, ela ainda telefonou à passageira, perguntando sobre seu estado. Estes são detalhes surpreendentes.

Reveja seus processos, agregue valores que farão crescer a admiração, lealdade e preferência de seus clientes. As oportunidades estão surgindo a todo momento, para que suas equipes surpreendam os clientes: aproveite-as!

3. **Surpreender com detalhes extraordinários**

Quando a sua empresa se mobiliza e trabalha em horas extras para atender aos pedidos inesperados, envia técnicos para corrigir defeitos em máquinas e instalações, cuja parada prolongada pode ocasionar grandes prejuízos, ou quando empresas concessionárias de serviços públicos trabalham ininterruptamente para reparar defeitos graves que atingem grande parcela da população, tudo isso são esforços extraordinários que acabam por merecer um grande reconhecimento dos clientes. Veja o *case* a seguir:

Case. Quando a TAM transportou uma passageira que estava convalescendo de um quadro de múltiplas fraturas, de Florianópolis a Marília (SP), via Curitiba e São Paulo, sem cobrar a mais e estendendo o vôo para concluir no mesmo dia, surpreendeu a todos com esse esforço extraordinário. O marido da passageira, agradecido, fez uma enorme propaganda boca a boca em reconhecimento a esse fato.

Temas para discussão na sua empresa:

1. *A sua empresa desenvolve esforços para implantar e manter uma atitude de confiabilidade?* Estudamos muito bem nossos serviços antes de lançá-los? Acompanhamos nossos serviços para corrigir desvios e, assim, aumentar nossa certeza e a dos nossos clientes nos resultados? Prometemos e cumprimos?

2. *Nossos clientes se surpreendem com os nossos serviços?* Envidamos todos os esforços para criar vínculos com nossos clientes? Em nossas reuniões, estamos preocupados e debatendo sobre melhorias constantes a serem implantadas nos nossos serviços?

3. *Os detalhes dos serviços prestados pela minha empresa encantam e fazem a diferença?* Os processos são constantemente analisados para serem colocados detalhes surpreendentes? Nas nossas pesquisas, os clientes nos dizem: "Uau! Isto sim é atenção e serviços encantadores"?

4. *A sua empresa delega atribuições aos colaboradores, os incentiva e confia neles para que desenvolvam esforços extraordinários?* Para aumentar a prestabilidade, são delegadas atribuições em amplos limites para a linha de frente? Os erros são tolerados, mas as falhas e omissões são cobradas?

5. *A postura da minha empresa é reativa ou proativa quando tem que enfrentar desafios para a melhoria da qualidade em serviços?* Como você gostaria que fosse? E por quê?

7 Conhecimentos, Habilidades e Encantamento em Serviços

Caminhar rumo à excelência em serviços exigirá de qualquer empresa a formação de equipes de colaboradores dotadas de pleno conhecimento dos processos e do que vendem: produtos e serviços. E mais do que isso: é preciso ensinar a todos os seus integrantes notáveis habilidades, que fazem a verdadeira diferença, e a ter disposição para encantar na primeira oportunidade que eles estiverem frente a frente com o cliente. Talvez não haja um segunda chance! Criar e desenvolver conhecimentos nos colaboradores contratados deve ser a primeira preocupação da área de recursos humanos, que ao longo do período de permanência deles jamais se descuidará de mantê-los preparados. As habilidades indispensáveis e inseparáveis nos processos de servir, aliadas à disposição em encantar os clientes, fechará com chave de ouro as bases necessárias a um atendimento inigualável. Mesmo que você não trabalhe naquela área, terá muitas oportunidades de organizar equipes que abrirão frentes vencedoras na formação ou expansão de negócios. Nesse momento, você fará acontecer uma verdadeira revolução se tiver o foco no cliente e preparar maravilhosamente as equipes de seres que amam servir, prestar excelentes serviços, atender com qualidade e encantar!

7.1 Formação de Equipes com Habilidades e Conhecimentos Necessários

Em geral, quase todas as empresas não tem problemas para especificar os requisitos que compõe os conhecimentos necessários dos funcionários que serão contratados para ocupar os cargos desejados. E quanto às habilidades? Aqui reside a real diferença competitiva. Veja, por exemplo, se a sua empresa alguma vez já desenvolveu treinamentos voltados para estes aspectos: *cortesia, educação social e falar bem.* Estes são itens de fundamental importância para encantar e fidelizar o cliente. Em qualquer país, e em especial no Brasil, atendentes que sejam educados, corteses e que falem bem serão selecionados pelos seus fiéis clientes, pois estas qualificações são raras.

Imagine um líder de equipe que se dirije aos seus liderados nos seguintes termos: "...a gente vamos fazer o que nóis precisa...", ou "...as tarefas tá difícil, pois as coisa vareia muito, ou "tá muito quente, a gente soa muito..." etc. Por mais que seja hábil, capaz e conhecedor do que tem de ser feito, esse líder provavelmente não terá uma longa carreira na empresa. As empresas que quiserem se diferenciar da concorrência deverão cuidar para que seus colaboradores tenham estas habilidades e outras mais, tais como:

- ❖ *Sorrir calorosamente* – No item 4.2, já abordamos que esta é uma poderosa e indispensável arma para se conseguir um excelente atendimento; aqui, podemos reafirmar que o sorriso deve estar presente, pelo menos, em dois momentos: no início e no fim; durante o restante do atendimento, dependerá da interação entre o atendente e o cliente, mas atente para este detalhe: se toda a equipe mantiver o sorriso sem estar atendendo clientes, qualquer um que esteja observando o local pensará que todos estão loucos!

- ❖ *Rapidez no atendimento* – Já mencionamos anteriormente que ganham as empresas cujos atendentes são mais rápidos; esta é uma habilidade crítica que deve estar presente em todos os integrantes de suas equipes. Os clientes, sem exceção, agradecerão o curto tempo que gastaram para adquirir produtos ou serviços, acreditarão ter feito uma ótima escolha, divulgarão sua empresa e garantirão os lucros esperados.

- ❖ *Ótimas apresentação e expressão corporal* – Oriente desde cedo, e cuide para que a apresentação de todos seja sempre impecável, roupas ou uniformes sempre limpos e cuidados, gestos e postura agradáveis, educados, adequados, simpáticos e calorosos.

Depois disto, ponha em ação os passos a seguir:

7.1.1 Cargos, Habilidades e Conhecimentos Mínimos

Dê a partida informando para sua área de RH quais cargos específicos precisa para iniciar novas frentes e informe também quais habilidades críticas deverão ter os candidatos; não tenha pressa em contratar, ao contrário, despenda o maior tempo possível no processo de seleção e contrate as pessoas certas, pois assim investirá menos em treinamento.

Quando uma companhia aérea preparou-se para estender suas linhas para o exterior, teve que treinar bastante seus atendentes em Geografia, pois os conhecimentos sobre fusos horários, diferenças de horas, nomes de países, dentre outros, tornaram-se indispensáveis. Conhecer o idioma inglês para atuar em eventos, pontos de embarque e desembarque de viajantes estrangeiros e exposições internacionais tornou-se um requisito básico para quem quer fazer parte de equipes de empresas que se dispõem a prestar serviços excelentes.

Com relação às habilidades, não se deve esquecer das apontadas acima, e de outras como cortesia, educação social, falar bem, gentilezas etc., pois no mínimo elas vão facilitar a implantação e a manutenção de uma importantíssima dimensão da qualidade: a empatia.

7.1.2 Faça uma Integração Completa

Toda empresa que quiser atingir a excelência na prestação de serviços e no atendimento, não deve desperdiçar a oportunidade de ouro quando um novo colaborador é admitido. Os primeiros dias devem ser utilizados para colocar fundamentos essenciais, conhecimentos e treinamentos mínimos. Podemos recomendar três pontos importantes:

1. Conhecer muito bem a empresa.

   Neste momento, é a hora em que os novos colaboradores estão dispostos e automotivados a gravar qual é a missão e visão da empresa; compreendendo estes significados, eles estarão sempre atentos e entenderão o que estão fazendo, para que foram admitidos e quais os objetivos futuros a serem alcançados. Ao serem passados os valores a eles, a história, a origem e os fatos marcantes, a cultura da empresa, que é o conhecimento mais precioso, estará sendo construída, e se perpetuará ao longo da excelência buscada para atingir-se a liderança e a preferência dos clientes. O organograma administrativo (quando for o caso) e as instalações deverão ser visualizadas e conhecidas, bem como os nomes e as fotos dos líderes em serviços, isto é, todos. No final desta fase, o novo colaborador conhecerá detalhadamente sua área de trabalho, os colegas e as rotinas. Esta é a hora, e talvez a única chance, de gravar indelevelmente dentro de cada iniciante a importância do seu trabalho e o amor à empresa, e os melhores sentimentos de humildade para atender aquele que lhe pagará os salários, que é o cliente!

Também não deve ser esquecido o Organograma do Cliente, detalhado, muito bem explicado e assimilado, como sugerido a seguir:

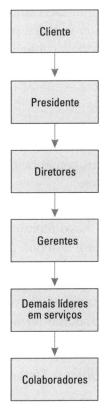

Figura 3.2 Organograma do cliente.

2. Conhecer muito bem os produtos e os serviços.

   Aqui, nesta fase, é muito importante que sejam conhecidos e analisados quem são os clientes: faixa etária, sexo, poder aquisitivo, preferências, o que querem, o que procuram, qual a forma de tratamento que mais gostam etc. Todas as etapas dos processos dos serviços devem ser minuciosamente estudados, bem como as ligações entre as diversas áreas. O papel da linha de retaguarda, como apóia a linha de frente, deve ser enfatizado, pois como mencionamos anteriormente o encantamento a ser atingido no atendimento depende em grande parte do seu suporte de retaguarda.

Não abrevie ou encurte desnecessariamente este aprendizado, pois o perfeito conhecimento de todos produtos e dos serviços trará retornos compensadores, pela confiança que um atendente bem preparado passa para o cliente, pela velocidade que encurtará o tempo dos atendimentos e pela segurança que o cliente sentirá em todas as fases dos processos.

Nunca se esqueça de identificar com um crachá, por exemplo, o novo colaborador, pois o cliente poderá procurar outro atendente ou tolerar mais os erros cometidos, as indecisões e o tempo mais longo nos atendimentos.

3. Treinar muito bem na área.

Nesta última etapa, o novo atendente aplicará detalhadamente o que foi aprendido na fase anterior. Além de pôr em prática os processos, ele aplicará os conhecimentos desenvolvidos e, principalmente, as habilidades que encantarão os clientes e que fazem a diferença entre as boas empresas e as excelentes. Se necessário, os novos colaboradores poderão ter ao seu lado colaboradores mais experientes para ajudar, corrigir, orientar e estimulá-los.

7.1.3 Aprendizagem Contínua e Sistemática

Tenha sempre em mente que a aprendizagem é um processo contínuo e não um evento isolado. Ninguém aprendeu o suficiente que não precise mais treinar ou possa parar. Claro que qualquer atividade desenvolvida tem custos, mas as empresas devem ver esses esforços como investimentos, que aplicados nas áreas corretas, nos momentos certos, com freqüências adequadas, trarão os retornos esperados para um constante crescimento.

Para desenvolver esta fase, é bom lembrar que:

Gestão da Qualidade em Serviços

1. Após ter levantado as necessidades em conhecimentos e habilidades para cada função, reúna-as em um plano, apresente-o ao setor responsável pelos treinamentos e, se possível, formalize um compromisso inegociável.

2. Um programa contínuo deve ser implantado após essa formalização; revisões constantes e atualizações periódicas precisam acontecer, pois como você está lembrado a busca pela excelência é uma jornada e não um destino. Se a empresa realizar aqui melhorias esporádicas, o máximo que poderá contar serão os sucessos esporádicos.

3. Dependendo do tamanho da empresa e de sua área geográfica de atuação, a formação de multiplicadores pode ser uma linha atraente e com menores custos, do que centralizar em um único local os treinamentos, mas não se esqueça de que, além dos ensinamentos de habilidades e de conhecimentos, o multiplicador deve ser escolhido pela sua vontade, disposição e pelo perfil de ensinar.

7.1.4   Use Formas Diferentes de Aprendizagem

1. *Saber ouvir é uma arte*, portanto o caminho para a excelência no atendimento passa necessariamente por este conhecimento e esta atitude. Se os seres humanos devessem falar mais do que escutar, teriam sido criados com duas bocas de cada lado da cabeça e um ouvido na frente ou no alto. A grosso modo, a maioria dos seres humanos presta atenção em torno de 25% do que ouve; os outros 75% não são captados, pois não há uma sintonia nessas informações, ou seja, como diz o dito popular: "Entram por um ouvido e saem pelo outro". Portanto, atenda seu cliente com sorrisos nos momentos adequados, olhando nos seus olhos sem constrangê-lo, e concentre-se para captar a maior quantidade possível de palavras; não divague ou "viaje" durante o atendimento.

   Anote que esta habilidade ajudará os atendentes porque:

   • ajuda a definir do que o cliente precisa;
   • pode prevenir mal-entendidos;

Varejo e Clientes

- pode lhe fornecer pistas para melhorar os serviços; e
- ajuda a aumentar a lealdade do cliente.

2. *A comunicação não verbal* é uma forma de aprendizagem muito importante para atingir-se um excelente atendimento. Ela capta e transmite instantaneamente o que queremos e até o que não sabemos se queríamos transmitir. Como dizem que uma fotografia vale por mil palavras, a expressão corporal é uma ferramenta preciosa para se atingir a excelência no atendimento, alavancar vendas e decidir quem é o melhor, quem tem a preferência dos clientes, quem permanecerá no mercado.

   No Capítulo 9, item 9.1, *Comunique-se sem falar*, relacionamos alguns exemplos deste aspecto. Se atender com excelência é uma arte, uma verdadeira e autêntica representação, não há porque deixar de consultar livros sobre o assunto, treinar continuamente seus atendentes e corrigir constantemente os desvios.

3. *A leitura comentada* de textos é uma outra forma diferente de aprendizagem e que desperta interesse porque a maioria das pessoas não lê muito, não tem dinheiro para comprar livros, revistas ou jornais. E mais, conforme artigo publicado no jornal O Estado de S. Paulo, em 8 de setembro de 2005, conforme pesquisa realizada no País sobre o analfabetismo funcional, cerca de 75% da população não consegue ler e escrever plenamente. Por meio desta forma, o treinamento por este caminho concorrerá enormemente para fazer crescer o nível do atendimento, além de concorrer para melhorar a auto-estima do pessoal dedicado a servir clientes.

Temas para estudos na sua empresa:

1. *Aproveitamos a entrada dos novos funcionários para integrá-los adequadamente?* Cada funcionário é supostamente um incrível fornecedor de excelentes serviços? Ensinamos e explicamos a cultura da empresa, sua visão, missão, valores e estratégia de serviços?

Gestão da Qualidade em Serviços

2. *Os treinamentos que suportam o desenvolvimento de habilidades e de conhecimentos têm prioridade e atenções?* É cultura de nossa empresa a continuidade? Ensinamos o como, o que e o porquê?

3. *Há investimentos para desenvolver cada vez mais os conhecimentos sobre nossos produtos, bem como para assegurar que as habilidades estejam presentes em todos os atendimentos?*

4. *Consideramos que o desenvolvimento de habilidades e de conhecimentos deve acontecer sempre?* É da nossa cultura a permanente busca pela excelência?

CASE

São muito raras as empresas nas quais os colaboradores apresentam-se bem vestidos, mantêm postura adequada e possuem gestos e movimentos elegantes e bonitos. Será que o líder em serviços não está agindo?

Atendimento nº 1 – Loja de artigos masculinos para clientes jovens – cinco atendentes aguardavam os clientes (quatro deles rapazes e uma moça). O time masculino estava agrupado quase na entrada, conversando em voz alta; o líder, que não estava presente, tentou compor uma equipe homogênea e uniformizada, mas creio que não teve sucesso. Camisetas pretas de quatro modelos diferentes e tamanhos não compatíveis com os troncos descompunham a parte superior dos corpos; calças jeans, largas, compridas, terminando em sanfona, arrastavam-se pelo chão. Enquanto os observava, captei pela visão periférica do olho direito um painel branco que, embora pequeno, crescia e diminuía em um movimento ritmado. Logo percebi o que era, mas não tive coragem de olhar diretamente: a atendente estava mascando um gigantesco chiclete, cujas extremidades presas ao maxilares superior e inferior descreviam o painel captado!

Se os clientes que estavam passando olhassem para a atendente, certamente não entrariam!

Atendimento nº 2 – Certa vez, meu 'assessor econômico', Osvaldo, cabeleireiro, durante a execução do corte disse-me:

– Senhor Henrique, a situação está difícil, o povo está sem dinheiro para fazer compras, o comércio está passando por dificuldades.

– Não é bem assim, Osvaldo. O que está faltando é atendimento, vontade de servir, automotivação. Veja só: quando eu vinha caminhando para cá, observei uma loja, sem clientes no momento e com dois atendentes. Um deles estava encostado na parede direita da entrada, com barba por fazer, braços cruzados, olhando para o chão; certamente, por aquele lado nenhum cliente sentiria entusiasmo para entrar ou sequer perguntar. Do outro lado, encostado na parede esquerda estava o outro atendente, também de braços cruzados e com o olhar perdido no chão. Pensei: "Será que os dois brigaram?". Nenhum cliente se sentiria tentado a perguntar ou comprar com aquela linha de frente 'tão estimulante'!

• 153 •

8 Recuperar e Reconquistar Clientes

Os termos do título desta seção são praticamente sinônimos, mas o objetivo é um só: não perder clientes, que podem estar insatisfeitos por causa das falhas ocorridas. As empresas devem se preocupar com seus processos, bem como com os custos envolvidos na má prestação de serviços, que leva à perda de clientes. Recuperar clientes é uma arte que não deve ser descuidada um só instante.

8.1 Reclamações, Manutenção de Clientes e o Boca a Boca

Uma excelente empresa norte-americana, a Technical Assistance Research Programs (TARP), especializada em pesquisas de serviços aos clientes, nos brinda com informações sobre custos de perder clientes, reclamações, recuperação e intenções dos clientes em manter transações com empresas após a ocorrência, de problemas. São dados preciosos que merecem estudos, reflexões e muitas ações. Vejamos:

1. *Um novo cliente custa cinco vezes mais do que manter um cliente antigo.*

    Embora seja um fato conhecido, muitas empresas estão mais preocupadas em agregar clientes à sua base de conquistas do que desenvolver sábias políticas de manutenção de clientes antigos, parecendo desconhecer que:

    - um cliente novo exige mais gastos de marketing para ser informado, atraído, para conhecer e entrar na sua empresa;

    - um cliente antigo compra mais do que um novo porque já foi estabelecido um relacionamento em que a confiabilidade e demais dimensões da qualidade já são conhecidas. O cliente novo vai experimentar e testar seus serviços por algum tempo, antes de comprar fortemente de sua empresa;

    - um cliente novo drena maior quantidade de recursos de seu pessoal para aprender não só a sua sistemática de negociar pedi-

Gestão da Qualidade em Serviços

dos, confirmação, entrega, pagamentos, bem como os usos e limites de seus produtos e serviços. Desse modo, ele terá mais dúvidas e solicitará mais esforços da sua organização;

- um cliente antigo provavelmente fará um boca a boca mais intenso e positivo, porque já o conhece bastante bem, e com isso concorrerá para alavancar suas vendas.

2. *Quarenta e cinco por cento dos clientes insatisfeitos com um serviço de baixo preço não reclamam. Trinta e sete por cento dos clientes insatisfeitos com um serviço de alto preço não reclamam.*

Serviços de baixo ou alto preço tem valores referenciais que dependem da camada social do comprador, do seu poder de compra e outros fatores sociais. A grande indagação que se coloca e que deve merecer muita atenção é: Por que os clientes nem sempre reclamam?

Porque:

- acham que não adiantará nada;
- não se sentem bem reclamando;
- não conhecem bem sobre o que podem reclamar;
- não querem perder tempo;
- é mais fácil trocar de fornecedor; e
- envolve muitas ações que dão trabalho.

3. *Clientes insatisfeitos com pequenos problemas costumam falar com outros 10; com grandes problemas, falam com outros 16. Já os clientes satisfeitos com pequenos problemas resolvidos, falam com outros 5; com grandes problemas resolvidos, falam com outros 8.*

A tendência de o cliente insatisfeito é fazer uma propaganda negativa para muito mais pessoas do que quando está satisfeito, situação na qual não se comunica tanto. Daí a importância em recuperar rapidamente os atendimentos que não agradaram ao cliente, antes que a propagação dos fatos negativos afete sua empresa.

Varejo e Clientes

4. *Intenções de recomprar o serviço para clientes que tiveram problemas.*

Postura do Cliente	Custo do Problema	
	Maior que R$ 300	De R$ 5 a R$ 10
Não reclamou	9%	37%
Reclamações não resolvidas	19%	48%
Reclamações resolvidas	54%	70%
Reclamações rapidamente resolvidas	82%	95%

Na coluna *Maior que R$ 300,* observe que, quando o cliente não reclama, pelas razões já vistas anteriormente ou porque a empresa não tem canais para isso, apenas 9%, ou aproximadamente 1 em 10, tem intenções de recomprar seus serviços. À medida que você melhora seus processos, melhora o atendimento e treina intensamente sua linha de frente e de retaguarda, crescem dramaticamente os valores percentuais de clientes que têm intenções de recomprar seus serviços a despeito dos problemas ocorridos. Observe que, com uma pequena melhoria nos seus processos e no treinamento dos atendentes, 19% dos seus clientes já tem intenções de recomprar, ou seja, quase 2 em 10. O grande salto aparece quando o cliente dispõe de canais e seu pessoal começa a resolver as reclamações; é um magnífico salto de 19% para 54%! Com um efetivo muito bem treinado e uma retaguarda fortemente focalizada no cliente, sua empresa estará resolvendo rapidamente os problemas surgidos, e então 8 clientes em 10 estarão lhe dando uma nova chance! Vale identicamente o mesmo raciocínio para a coluna *De R$ 5 a R$ 10.*

Observe que no varejo, para itens de pequeno valor, quase todos os clientes, cerca de 95%, continuam comprando de sua empresa se suas reclamações forem ouvidas e rapidamente resolvidas. É uma verdadeira arte lutar pela recuperação e reconquista de clientes, porque eles não são inesgotáveis e a sua empresa pode não ser a única que venda os serviços ou os produtos de que necessitam.

Creio fortemente que, se os seus colaboradores que têm o poder de decisão atuarem mais na linha de frente, com os clientes e procurando resolver rapidamente os problemas que estão ocorrendo, sua em-

Gestão da Qualidade em Serviços

presa vai comemorar lucros muito mais significativos, pois, pelo menos, terá mais clientes leais com todas as vantagens que isso significa.
5. *Iceberg das reclamações.*

Veja, a seguir, por que um alto executivo pode estar com uma visão equivocada do desempenho de sua empresa, quando contabiliza as reclamações que está recebendo e desconsidera que a grande maioria dos clientes não insiste em fazer chegar à alta administração sua insatisfação.

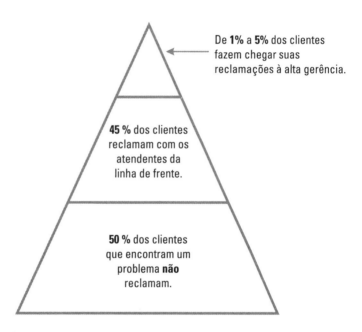

Imagine que ocorreram 100 problemas nos seus atendimentos; 50 deles o alto executivo desconhecerá porque os clientes preferiram não reclamar, simplesmente conformaram-se ou foram embora; 45 deles reclamaram no instante da ocorrência, diretamente com os atendentes; somente entre 1 a 5 clientes tiveram a paciência e determinação para insistir que suas reclamações aflorassem e chegassem ao conhecimento dos altos níveis da empresa! Essa é uma posição desconfortável para o futuro, e que ao longo do tempo acabará por minar seus negócios: é uma questão de tempo!

Esteja presente na linha de frente e você poderá acompanhar por que esses fatos estão ocorrendo.

6. *Desculpe (ferramenta mágica).*

Esta palavra é pouco praticada e tem um grande efeito de impulsionar a empresa rumo à excelência. Passe para todos os atendentes que um pedido de desculpas é meramente o reconhecimento de que as coisas não estão indo tão bem, conforme as expectativas de seu cliente, e haverá menos preocupações em caçar culpados quando erros acontecerem.

Cabe ao executivo do tipo *coach* (treinador) dar o exemplo, praticar e ensinar aos multiplicadores todos os efeitos mágicos dessa palavra. Ela acalma o cliente, ajuda as pessoas a ajustar seus relacionamentos, pode reduzir o estresse e resolver alguns problemas.

Lembre-se: não importa quem ou o que falhou. Os pedidos de desculpas devem ser sinceros, não artificiais ou robóticos e colocados nos momentos certos. Eles têm de ser oportunos e não muito tempo depois da ocorrência, pois talvez não sejam efetivos. Por fim, as desculpas têm de ser pessoais; uma retratação individual é muito mais poderosa do que dizer "nós nos desculpamos".

8.2 Uma Seqüência para a Recuperação

Hoje nenhuma empresa pode ficar indiferente ao afastamento e às perdas de clientes. Vimos que custa muito conquistar novos clientes; as condições socioeconômicas não estão favorecendo o aparecimento de contingentes populacionais, todos os anos, que tenham condições de comprar seus produtos ou serviços. Dessa forma, tenha processos perfeitos e pessoal treinado para recuperar possíveis perdas de clientes todas as vezes que ocorrerem problemas. A seguir, apresentamos alguns procedimentos úteis para essa recuperação:

1. Peça desculpas.

Esta é a primeira ação, a primeira palavra que deve partir do atendente quando ocorrer algum desvio da qualidade dos serviços prestados.

Gestão da Qualidade em Serviços

Seu poder de acalmar, reconhecer que algo deve ser feito, tranqüiliza o cliente e propicia um clima de entendimento e respeito.

2. Seja simpático, empático e ouça.

Logo em seguida ao passo anterior, mostrar ao cliente que você se incomoda com a situação, colocar-se no lugar dele e se dispor a ouvi-lo opera milagres. Como já mencionamos diversas vezes, saber ouvir é uma arte que por si só predispõe o cliente a seu favor e corrobora sua recuperação.

3. Solucione o problema.

Aqui começa a parte prática do processo. Você deve ter uma boa estrutura, pessoal treinado e demais processos para resolver rapidamente o problema ocorrido, ou pelo menos apontar soluções, caminhos e datas previstas para o término das pendências.

4. Cumpra o que prometeu.

Durante o processo, certamente serão assumidas posições e feitas promessas, que deverão ser cumpridas; caso contrário, o cliente perderá a confiança em sua empresa e a recuperação será impossível.

5. Ofereça algo adicional.

Toda vez que o cliente é prejudicado sob qualquer aspecto, embora muitas vezes não lhe peça nada, ele ficará muito satisfeito e se sentirá recompensado se ganhar um brinde, parcelamento de pagamentos, postergação de datas de compromissos, créditos etc.

6. Agradeça e acompanhe.

Mostre que sua empresa reconhece a oportunidade que está sendo dada para solucionar o problema e manter o relacionamento. Acompanhe todas as fases do processo para se assegurar de que não haverá recaída.

7. Certifique-se do encerramento.

Embora pareça desperdício de tempo, não delegue a terceiros o encerramento de um caso que talvez tenha lhe custado muitas horas, preocupações e esforços. Às vezes, uma tocada final é o que estaria faltando, e a ausência desse gesto pode significar desinteresse da sua empresa. O desfecho deve ser tão brilhante quanto a abertura.

Concluindo: os executivos devem considerar o processo de recuperação como uma grande oportunidade para melhorar os serviços, pois, apesar dos desgastes, os frutos colhidos na resolução dos problemas fornecerão uma incrível quantidade de dados, que permitirá aprender muito, corrigir falhas e melhorar sempre.

8.3 Uma Seqüência para a Reconquista

Para problemas mais complicados, amplos e que envolvem mais pessoas e áreas de sua empresa, podemos sugerir os passos a seguir, que também objetivam não perder clientes. São esforços que valem a pena, e seus resultados financeiros mostrarão isso.

Se não deu certo, *reconquiste* seu cliente, que espera:

1. Receber explicações de como ocorreu o problema.

   Este procedimento ajuda a acalmar o cliente, pois ele é percebido como uma atenção especial, um reconhecimento das falhas que a empresa corrigirá para que não ocorram mais.

2. Ser contatado imediatamente quando o problema for resolvido.

   Muitas vezes, não será possível resolver os problemas tão rápido quanto seria desejável; as providências posteriores podem demandar um período maior do que as expectativas do cliente. Uma comunicação imediata, assim que se tenha encontrado a solução, será extremamente agradável e marcante.

3. Ser informado sobre o tempo necessário para a resolução.

   A ocorrência deste passo pode significar que estamos diante de um problema mais complexo, e será bastante interessante fornecer uma estimativa da demora ao seu cliente. Para não haver perda de confiança, não subestime o prazo, procure estabelecê-lo corretamente e seja sincero, mesmo que ache que o cliente não ficará satisfeito.

4. Receber alternativas viáveis, se o problema não puder ser resolvido no momento.

   Não subestime a inteligência de seus clientes e esteja sempre preparado para oferecer alternativas adequadas, aceitáveis e práticas,

Gestão da Qualidade em Serviços

quando as circunstâncias apontarem que a solução do problema não está à vista. Assim:

- uma companhia aérea deve fornecer alternativas viáveis a seus passageiros quando os aeroportos estiverem fechados.
- uma companhia de seguros deve ter linhas de ação viáveis quando o cliente tiver seu carro roubado.
- uma empresa de prestação de serviços de informática deve oferecer alternativas viáveis quando os equipamentos do cliente estiverem sob ataque de vírus.

Inúmeros problemas podem demandar um tempo longo para coletar dados, analisar, pesquisar, rastrear. Nesse período, sua empresa deverá emitir relatórios de acompanhamento para manter muito bem informados seus clientes.

8.4 Solução de Problemas

Durante os processos de *recuperação* e *reconquista*, a utilização de qualquer método de resolução de problemas é de extrema valia, porque ajuda a resolvê-los dentro de uma seqüência lógica, melhora o desempenho profissional do atendente e mostra ao cliente o preparo e o interesse da empresa que lhe presta o serviço. De uma forma simplificada, apresentamos um método para ser utilizado como mais uma ferramenta para obter maior interação com o cliente e enfatizar as dimensões da qualidade, reforçando a busca da excelência em serviços. Vejamos as fases:

1ª Fase – Identificação do problema e coleta de dados

Esta é a fase mais difícil, pois exige grande esforço e experiência até que se chegue ao enunciado correto. Coletando-se os dados, fecha-se o cerco em busca da solução. Para se chegar até aqui, é necessário que sua linha de frente:

❖ *Ouça o cliente com atenção.*

Quando o cliente estiver se comunicando com o atendente, é preciso que este esteja disposto a ouvir, concentrando-se nos dados que lhe estão sendo passados e evitando fatores que distraiam sua atenção.

· 161 ·

Varejo e Clientes

❖ *Não interrompa seu cliente.*

Em geral, o cliente está aborrecido e pode ficar exaltado. Deixe-o falar até que se acalme. Por outro lado, se ele já estiver calmo, pode ser que tenha pensado e refletido no que gostaria de comunicar, não esperando ser interrompido até que tenha externado todos os seus pontos de vista. Lembre-se de que os seres humanos foram criados com dois ouvidos e uma boca, portanto, para ter momentos felizes e excelentes nos atendimentos, você deve ouvir mais do que fala!

❖ *Verifique se entendeu.*

Este passo é uma conseqüência dos anteriores e é um importante momento no qual o interlocutor deve dizer exatamente o que o cliente reportou. Se você tiver entendido, ganhará confiança, reconhecimento e prazo para resolver o problema e manter o cliente.

❖ *Solidarize-se com o cliente.*

Esta atitude mostra que você tem empatia pelo cliente, ganhando com isso a lealdade dele.

2ª Fase – Estabeleça as soluções possíveis, teste-as e escolha a melhor

Nesta fase, dependendo da complexidade do problema, não queira descobrir logo a melhor solução. Use, por exemplo, a técnica do *brainstorming* (livre associação de idéias) e, preferencialmente em grupo, relacione sem nenhum julgamento inicial todas as soluções que ocorrerem. Depois, analise, agrupe, modifique, até ter em mãos uma ou mais soluções viáveis.

Experimente, ou seja, aplique-as verificando sua adequação, analise e teste a satisfação do cliente até conseguir agradá-lo.

3ª Fase – Ofereça uma recompensa

Aqui é o fecho indispensável à finalização dos dissabores passados pelo cliente, que, de qualquer maneira, sempre espera uma compensação material pela perda de tempo e frustração das expectativas.

Enfim, agrade o cliente! Mantenha-o!

8.5 A Honestidade da Empresa e a Única Linha de Conduta em Relação ao Cliente

Nunca é demais lembrar que a honestidade, a ética e a transparência são aspectos fundamentais para uma longa vida das empresas. Vimos que a *confiabilidade* é a principal dimensão da excelência em serviços, porque, se sua empresa não for confiável, as outras dimensões pouco adiantarão. Você até poderá perder vendas e clientes, mas não perderá seus bens mais preciosos: a *marca* e o *nome*.

Confira as três razões para seguir uma linha honesta:

1. A mentira tem pernas curtas.

   Mais cedo ou mais tarde, se as ações praticadas por sua empresa não forem corretas e tiverem a intenção de enganar os clientes, a verdade surgirá e o seu nome poderá ficar seriamente comprometido.

2. O cliente respeita quem é honesto.

   Mesmo que o preço a pagar seja elevado, pois o cliente ao ser informado do erro cometido poderá esbravejar, perder a calma, fazer uma propaganda negativa, é melhor falar a verdade. Passada a tempestade, certamente o cliente manterá o respeito pela reconhecida honestidade.

3. A sua linha de frente se sentirá melhor.

   Dificilmente os atendentes gostam de trabalhar em empresas que não são éticas e que tiram proveito de seus clientes. Nessa baixa disposição, eles não se sentirão à vontade para prestar excelentes serviços e, certamente, sua empresa caminhará para o insucesso.

8.6 "Todos São Iguais Perante as Leis, mas uns São Mais Iguais Que os Outros" (de um Irônico Político)

Você que é um líder em serviços, poderia pôr em prática uma rotina que traria enormes benefícios para sua empresa, diminuindo drasticamente o tempo para a resolução de problemas, evitando prejuízos para seus negócios e a perda de clientes. Proporcionalmente, um pequeno número de clientes

Varejo e Clientes

responde por uma grande parcela de seus negócios; dependendo dessa quantidade, em uma empresa que tem verdadeiramente o foco no cliente, o seu presidente daria o número do seu telefone direto para este primeiro seleto grupo de 3, 5 ou 10 maiores clientes. A seguir, seus diretores fariam o mesmo até o nível gerencial. Isto encurtaria o processo decisório, as decisões seriam mais rápidas, com menos pessoas envolvidas, e o melhor de tudo, um pós-venda mais objetivo para resolver problemas e conservar clientes por muito mais tempo.

9 Saber Servir com Excelência

Caminhar na direção da excelência em serviços é uma tarefa que está ao alcance de qualquer prestador de serviços que se disponha a envidar esforços contínuos, treinamentos orientados, foco no cliente, humildade em servir, e tudo o mais necessário para que seus funcionários se orgulhem de pertencer à empresa e os clientes desenvolvam uma longa parceria com ela.

Para adquirir sabedoria em servir, inúmeras ações devem ser tentadas, executadas e mantidas. Até aqui você acompanhou inúmeras delas, que certamente terão grande efeito nos seus atendimentos. A seguir, indicamos um poderoso meio para reforçar a difícil arte de servir com excelência.

9.1 Comunique-se sem Falar

Poucas empresas utilizam para treinamento as mensagens que o corpo humano envia durante o atendimento e que são facilmente percebidas pelos clientes. É mais uma importante ferramenta para se alcançar a excelência na prestação de serviços, podendo aumentar sua vantagem competitiva. Em livros específicos, temos fontes preciosas para treinar nossos atendentes:

1. Ouvir melhor o cliente reforça sua competência.

    Não se esqueça de alguns lembretes úteis: repita para confirmar, pergunte ao cliente se não entendeu e repita as informações críticas (as que resumidamente esclarecem tudo de que o cliente precisa saber no momento).

Gestão da Qualidade em Serviços

Aqui também cabem algumas habilidades durante o atendimento: evite sempre ruídos exagerados, como tráfego, transmissões de equipamentos sonoros, campainha de telefone; divagações, ou seja, enquanto o cliente está à sua frente falando, você 'não está ali', seu olhar perdido sugere que o seu pensamento vagueia por outros cenários; reações inesperadas e interrupções, enfim tudo isso concorrerá fortemente para perder o cliente. Treine bastante seu pessoal para que sejam evitados os estereótipos, ou seja, a projeção de preconceitos, pois na prestação de excelentes serviços o que importa é o cliente!

2. A apresentação pessoal reforça a sua competência.

   Os atendentes podem usar uniformes ou roupas pessoais, mas sempre bem passadas e limpas. Seja sempre rigoroso com relação a este aspecto, e em todos os detalhes. Tenho observado que os atendentes do varejo não tem muito cuidado com o que estão vestindo. Geralmente, as lojas fornecem camisetas padronizadas, não sendo muito exigentes com relação às calças, que geralmente tem mau aspecto, apresentam-se amassadas, compridas e sujas.

3. Odores agradáveis reforçam sua competência.

   Perfumes fortes e agressivos devem ser evitados, bem como odores desagradáveis que afastam o cliente. Seja habilidoso e sensível em detectar, comunicar e eliminar este problema.

4. Distância corporal adequada reforça sua competência.

   Não se aproxime demais dos clientes, pois esta intimidade em geral não é aceita; por outro lado, não fique muito distante, a ponto de precisar elevar muito a voz para ser entendido. Para treinar sua linha de frente, oriente-os para que mantenham a distância de um braço estendido ou um metro são padrões que todos estão familiarizados e adotarão sem dificuldades.

5. Postura adequada reforça sua competência.

   Sua linha de frente deve se apresentar com uma postura ereta e elegante. Não se deve curvar o corpo nem se encostar nos móveis, paredes ou portas. Quando o estabelecimento tiver muitos atendentes, evite a todo custo a formação de grupos, pois isso afasta os clientes; evite também que ocorram conversas paralelas, brincadeiras, comunicação desnecessária ou em tons elevados

6. Contato físico adequado reforça sua competência.

Não entre em intimidades com os clientes, como abraços, tapinhas nas costas, tocar ou segurar nos braços. No máximo, pode haver um aperto de mão, se a iniciativa partir do cliente, pois, conforme o costume, muito povos não têm o hábito de estender e apertar as mãos. Nesse caso, não esmague as mãos e nem somente encoste os dedos, pois na cultura brasileira essa forma causa certa aversão. Beijinhos? Em princípio não, mas dependerá de diversos fatores, tais como orientação da empresa, tempo de conhecimento entre os clientes e o pessoal do atendimento etc.

7. Gestos adequados reforçam sua competência.

Algumas sugestões: não cruze os braços ou permaneça com as mãos nos bolsos, pois poderá se distrair e mexer em coisas que não deve; não cerre os punhos, porque isso denota agressividade; não tamborile os dedos, pois pode significar impaciência de sua parte, e isso não é bom.

8. Contato visual adequado reforça sua competência.

Evite falar com seu cliente olhando para baixo, para os lados, sem encará-lo. Uma excelente atitude para contato é o olhar direto nos olhos, com uma expressão simpática, descontraída, sem causar constrangimento. Respeite a privacidade do seu cliente, e não o constranja olhando fixamente para qualquer parte do corpo que não esteja relacionada com a prestação do serviço no momento.

9. Expressão facial adequada reforça sua competência.

Mesmo de longe, o cliente percebe se sua expressão facial denota alegria, descontração. A presença do sorriso é o passaporte para iniciar, conduzir e terminar um espetacular atendimento; as sobrancelhas levantadas caracterizam alegria, satisfação, prazer, surpresa, tudo contribuindo para um ambiente saudável e agradável.

Note que para afastar seus clientes e reduzir os negócios basta não sorrir, fazer um bico com seus lábios, baixar as sobrancelhas, apresentar-se sério, calado, de mau humor e com expressões de tristeza ou de insatisfação.

9.2 Agradecer a Seus Clientes: Quando?

Diga sempre *muito obrigado*, com muito calor e todas as letras. De um modo geral, nós, brasileiros, tendemos a falar de forma rápida, simplificando ou não pronunciando o final das palavras. Assim, devemos orientar a linha de frente para que:

1. não murmure simplesmente *gado*, pois o cliente pode pensar que você está fazendo uma referência ao rebanho nacional, hoje girando em torno de 170 milhões de cabeças;

2. não diga rapidamente *brigado*, pois você está bem e não quer briga com ninguém, muito menos com o cliente que está atendendo;

3. pelo menos fale *obrigado*, pausadamente, com amor e interesse pelo negócio; e, se quiser caminhar mais rápido em direção à excelência, diga com muito e muito calor um *muito obrigado*, evitando as repetições insistentes e monótonas todas as vezes que os clientes:

   1. *Utilizarem nossos serviços.*

      Quando possível, sempre acompanhe os clientes até a saída da sua área de atendimento ou da empresa. Se estiver atendendo pelo telefone ou via computador, encerre da mesma forma: com um muito obrigado!

      Esse encerramento simples e poderoso passa para o cliente uma postura de humildade, que embasa o fornecimento de serviços consistentes e de alto nível; afinal, com tantas opções, o cliente escolheu a sua empresa e não a do concorrente.

   2. *Reclamarem, sugerirem ou comentarem.*

      Uma frase que se ouvia freqüentemente do comandante Rolim era: "Eu não tenho medo de cliente que reclama, mas sim de cliente silencioso". É uma benção para a melhoria dos serviços quando a empresa recebe qualquer reclamação, sugestão ou co-

Varejo e Clientes

mentários, pois eles fornecem ao prestador de serviços oportunidades de melhorias, e o que é mais importante: você provavelmente está recebendo uma segunda chance, antes de o cliente dispensá-lo. Para tornar este item efetivo, não se esqueça de criar canais desimpedidos, por meio dos quais a voz do cliente chega à sua empresa; tenha processos corretos e pessoal treinado para tratar estas importantes informações em benefício do crescimento e da lucratividade de sua empresa.

3. *Sorrirem para nós ou nos cumprimentarem.*

Quando os clientes tomam estas iniciativas, estão enviando sinais de que nossa parceria com eles está caminhando muito bem, nos consideram e nos querem como seus fornecedores. Aqui cabe um alerta para sua linha de frente, para que não espere sempre agradecimentos, pois isso poderá deixá-los frustrados quando não ocorrerem. Como humildes prestadores de serviços, devem ter a cultura de que sua tarefa principal é servir o cliente, e não tentar mudar seus comportamentos.

Durante os anos iniciais de implantação dos Programas de Qualidade na TAM, eu entrava com bastante freqüência nas aeronaves que estavam sendo preparadas para as etapas seguintes, e nesta fase os passageiros em trânsito permaneciam a bordo; eu sorria, os cumprimentava, e quase sempre eles correspondiam; mas algumas vezes eu não recebia um mínimo aceno de cabeça. Claro que seria melhor ter uma resposta mais amigável, no entanto, aprendemos que não se pode mudar o mundo e o cliente rapidamente, e que devemos fazer o máximo do nosso lado para prestar excelentes serviços.

4. *Nos indicarem para outros Clientes.*

Todos nós sabemos que a mais poderosa ferramenta de divulgação de seus negócios é a comunicação boca a boca, porque a experiência de pessoas amigas e conhecidas tranqüiliza o comprador, reduz sua ansiedade e cria expectativas favoráveis. Considerando as *dimensões da qualidade*, a *segurança* e a *confiabilidade* são bastante realçadas por estas indicações.

Não se esqueça de agradecer a seu cliente toda vez que realizar um negócio por indicação dele.

5. *Nos ajudarem a servi-los melhor.*

A disposição do cliente em ajudar durante o atendimento, fornecendo informações rápidas e precisas, cooperando com o atendente na demonstração, provas e utilizações de itens de vendas de produtos ou de serviços, não deve ser esquecida. Ele merece agradecimentos pelo tempo que nos poupou e pelo relacionamento agradável que ajudou a construir. Os bancos conhecem muito bem quanto gastam com o envio de correspondências que retornam ou não chegam aos seus destinos porque o endereço está errado, CEP, números ou dados incompletos.

Todas as vezes que os clientes informam números errados às empresas de serviços de luz, telefonia, informática, planos de saúde etc., drenam mais esforços e tempo dos atendentes, aumentando assim os custos operacionais.

6. *Referirem-se a nós nas publicações, nos indicarem ou premiarem.*

Estas ações concorrem para uma maior divulgação dos excelentes serviços da empresa e o aumento do volume de negócios, e ajudam a elevar a auto-estima de nossos atendentes. Agradeça muito a seus clientes e divulgue ao seu pessoal para que se orgulhem disso.

9.3   Sabedoria em Servir

Até este ponto, nada deixa transparecer que alcançar e manter um nível de excelentes serviços seja uma tarefa fácil e curta, ao contrário, é uma longa jornada na qual certas ações e características são bem marcantes e fundamentais.

As empresas que se convenceram de que devem fazer acontecer, buscar continuamente a excelência e não se conformarem em ser apenas boas terão mais facilmente razões e oportunidades para comemorar suas grandes vitórias, seus lucros constantes e seu crescimento. *Elas realmente amadureceram e adquiriram sabedoria em ajudar os clientes!*

Varejo e Clientes

As empresas que entendem ser muito importante para seus negócios ter processos otimamente estruturados na obtenção de informações de seus serviços aos clientes, que conhecem muito bem os mercados em que atuam e desenvolvem esforços vigorosos e contínuos para identificar todas as reações e expectativas de seus consumidores, certamente, terão satisfação em constatar que sua marca está na mente de quem está servindo. *Elas realmente cresceram e adquiriram sabedoria em ouvir os clientes!*

As empresas, cujos executivos aprenderam que suas vitórias, derrotas e seu aprendizado acontecem na linha de frente e, por isso, estão lá com bastante freqüência, com certeza, caminharão no rumo encantado da excelência, pois são os verdadeiros líderes e estarão formando equipes de líderes. Gostam do que fazem, acreditam nas pessoas, nos seus colaboradores e, principalmente, em seus clientes. *Elas realmente superaram os obstáculos e adquiriram sabedoria em compreender os clientes!*

As empresas que decidiram ser fundamental à criação de estratégias em serviços, para levar com toda a força, vigor e encantamento sua visão em serviços aos clientes, chegaram mais rapidamente a altos níveis de lucratividade e reconhecimento, permanecendo nas posições mais elevadas, para a satisfação e alegria dos seus compradores. *Elas realmente lideram e adquiriram sabedoria em respeitar os clientes!*

As empresas que enxergaram a excelência em serviços como requisito fundamental para desenvolver parcerias lucrativas de longo prazo, ser percebidas pelos seus clientes como referência em confiabilidade, prestabilidade, segurança, empatia e tangibilidade estão e estarão anos-luz à frente da concorrência.

Elas conseguiram ver que os clientes querem muito mais do que só preços baixos. Querem também, quando algo der errado em seus serviços, que haja desejos sinceros de recuperação e reconquista de sua lealdade, reparações justas das perdas de tempo e de aborrecimentos. Elas realmente venceram e adquiriram sabedoria em querer, apreciar e respeitar os clientes!

Sabedoria em servir é fazer com que seus clientes:

❖ *Sintam-se ouvidos!*

Saber ouvir bem é um precioso dom. Se Deus quisesse que nós falássemos mais do que ouvimos, teria nos criado com duas bocas e

Gestão da Qualidade em Serviços

um só ouvido. A sua linha de frente deve ser orientada para as seguintes sábias atitudes:

- olhe nos olhos; evite divagar; mantenha atenção absoluta; apresente sempre expressão de interesse e, quando for o caso, meneie afirmativamente a cabeça!

❖ *Sintam-se ajudados!*

A essência de um excelente atendimento está na disposição sincera da linha de frente em ajudar o cliente a tomar decisões corretas, para resolver da melhor forma uma compra ou venda de produtos ou serviços. No item 6.3.2, *Prestabilidade*, vimos que funcionários de empresas excelentes sempre estão dispostos a ajudar os clientes, pois essa atitude vem ao encontro das expectativas. Dessa forma, pode ser criada uma forte lealdade entre eles e a empresa, o que é fundamental para o sucesso do empreendimento.

❖ *Sintam-se compreendidos*!

Para melhor compreender os clientes, os atendentes precisam ter o mais alto nível de conhecimentos sobre o que eles estão comprando. Neste ponto, pode ter certeza de que o pedaço da nossa 'pizza da qualidade'– Segurança está sendo saboreada. Para enfatizar, nunca é demais repetir que todos os atendentes devem conhecer extremamente bem o que estão vendendo.

❖ *Sintam-se queridos!*

"Sem você cliente, meu negócio não existe!"

❖ *Sintam-se respeitados!*

Todo mundo volta aos locais onde se sente bem, onde os estereótipos inexistem e onde a dignidade humana está presente.

❖ *Sintam-se apreciados!*

O cliente precisa saber ou captar de quem está lhe prestando os serviços que sua presença é vital e importante para a existência da empresa, e que sem ele não há vida empresarial.

10 Referências Bibliográficas

CANNIE, Joan Koob; CAPLIN, Donald. *Mantendo clientes fiéis e para sempre*. São Paulo: Makron Books, 1994.

CARLSON, Jan. *A hora da verdade*. Rio de Janeiro: COP, 1992.

CROSBY, Philip B. *Qualidade falando sério*. São Paulo: McGraw-Hill, 1990.

COONNELLAN, Tom. *Nos bastidores da Disney*. São Paulo: Futura, 2002.

FREEMANTLE, David. *O que você faz que agrada aos seus clientes?* São Paulo: Makron Books, 2001.

FREEMANTLE, David. *Incrível atendimento ao cliente*. São Paulo: Makron Books, 1994.

FREIBERG, Kevin e Jackie. *NUTS! As soluções criativas da Southwest Airlines*. São Paulo: Manole, 2000.

KOTLER, Philip. *Marketing para o século XXI*. São Paulo: Futura, 1999.

PETERS, Tom. *Em busca da excelência*.

WEIL, Pierre: TOMPAKOW, Roland. *O corpo fala*. Petrópolis: Vozes, 1986.

SEWELL, Carl; BROWN, Paul B. *Clientes para sempre*. São Paulo: Harbra, 1993.

WHITELEY, Richard C. *A empresa totalmente voltada para o cliente*. Rio de Janeiro: Campus, 1992.

YERKES, Leslie A.; DECKERL, Charles. *Café expresso*. Rio de Janeiro: Record, 2004.

www.dvseditora.com.br